神明離去之後

臺灣神社的收藏物語

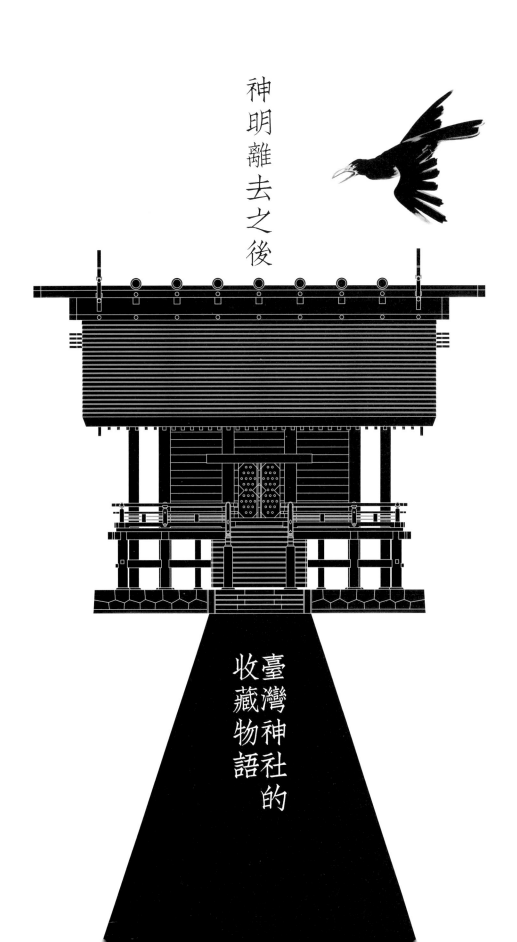

目　　次

推薦序　神明還在的時候

蔡家丘　國立臺灣師範大學藝術史研究所副教授兼所長

　　來到島嶼的神明很多，一度非常擁擠。

　　日本神明來了又去，留下一些寶物和遺跡，本書要講的就是這段聚合離散的故事。

　　觸發本書作者劉錡豫探究這段故事的起因，是 2016 年我們一起造訪國立臺灣博物館的庫房，調查日治時期奉納給臺灣神社，又輾轉歸藏至此的寶物。我很難忘記，當那須雅城所繪，183 公分高、84 公分寬的〈新高山之圖〉，在空間有限的庫房全部展開時，震懾眼簾的畫面。線條繁複層層描繪出肌理的山石上，遍布以金、銀泥顏料反覆點染幻化成的岩壁、杉葉、融雪，和雲霧。近觀時，山頂冷冽的霧氣伴隨金粉好像要沁入心肺，原本低溫的庫房似乎又降了幾度。

　　這件作品，後來在 2020 年北師美術館「不朽的青春——臺灣美術再發現」展出（本書頁 19 圖 6、頁 71 圖 8）。過去有許多藝術作品，非公立美術館收藏、散落各處，「不朽的青春」展的主旨，便是展出這些主要由臺灣藝術家創作，或以臺灣為主題，然而難得一見的作品。就這點來說，〈新高山之圖〉在奉納給臺灣神社後，就再也沒有公開展過，可能只有極少數來臺的日本皇室成員看過，或者應該說，只有日本神明看得到。策展團隊一度猶豫要不要選入這件作品，因為它非常不「臺灣美術」。好在畢竟畫作品質不錯，也還算符合展覽主旨，最後安全過關展出。

　　在展場仰望這件作品，總讓我想起另一個故事。1934 年，有一位日本的洋畫家藤島武二（1867-1943），來臺擔任臺灣美術展覽會的審查員。10 月下旬藤島在臺北的審查工作告一段落，立刻搭夜車直奔嘉義，隔天登上阿里山停留約三天，寫生創作。此行最主要的目的，是描繪眺望新高山（玉山）的日出風景。當時還有一位總督府文教局職員陪同隨行，並將這段旅程寫成遊記。為了描繪日出，戴上太陽眼鏡、站上山頭的藤

島，迅速地下筆捕捉凌晨瞬息萬變的光景。藤島說，我來描繪新高山日出，是為了將作品進獻皇宮，今天終於完成多年來的願望。聽到畫家這麼說，一旁的職員不禁眼眶泛淚。*

藤島此時已是引領日本西洋畫壇的重要畫家，也是數位臺灣畫家留學東京美術學校時的老師。1930 年代藤島取材的日出景象，遍及日本各地，登上阿里山時已年近七旬，日後更遠赴滿蒙。日出當然是日本自古至今充滿民族與政治意涵的景象，但是更讓我揣想的，是那個引發眼淚的共鳴。許多將作品進獻皇宮、奉納神社的日本藝術家們，是不是也受到相同的感召，所以即便年邁也不惜跋山涉水，即便作品可能不再被大眾看見，也願意奉納出心血結晶？

這裡無意美化歷史，尤其當臺灣畫家身處其中，情感複雜得多。參觀臺南市美術館，正在展出嘉義畫家翁崑德(1915-1995)的作品。**戰前他善於描繪家鄉景物，漫遊於城市捕捉街道、公園等風景，是繼陳澄波後在嘉義受到矚目的西洋畫家之一。 1937 年中日戰爭爆發後，在臺灣的日本青年也被徵召從軍。隔年翁崑德入選臺灣美術展覽會的〈月臺〉，便描繪群眾在車站送行的場面。中景描繪火車月臺柵欄內擠得水洩不通的群眾，正在歡送從車窗探出頭的士兵們。月臺上方屋簷懸掛著「新高登山口」紅底白字的海報，暗示了車站地點以及遠方無形的背景。群眾看似男女與軍警，高舉著日章旗與入伍者名字的旗幟。在美術館細心修復下，作品恢復了原有的光彩，一片旗海鮮明像是無數日出景象。不過，畫家似乎更刻意凸顯擠在柵欄內最後一排，身著黃、藍、紅衣的女性們，與白色制服的女學生，隔著人群目送屬於她們的——孩子、兄弟，或同學。經修補破損處後更清楚浮現，被排除在柵欄外的畫面前景處，尚有一位和服女子孤單的背影，沒有舉旗沒有歡呼，默默望向車廂某處。這裡是畫家的實際取材還是寓意般的表現？畫作雖然修復好了，但失落的故事細節已無法回溯。只能讓我們省思，日本皇國與軍國神話的榮景，映照在臺灣畫家心裡，究

＊ 平川知道，〈藤島先生にお伴して〉，《新高阿里山》，3 號 (1935.01)，頁 20–23。

＊＊ 黃琪惠，〈西畫家翁崑德的生平與藝術〉，《藝術品‧診療事：翁崑德的藝術與作品修護展》(臺南：臺南市美術館，2023)，頁 28–45。

翁崑德　〈月臺〉
1938年　畫布油彩
73.0×91.5公分
臺南市美術館藏

竟是什麼模樣呢？

　　事實上翁崑德還是一位虔誠的天主教徒，因此驅動他的或許是另一方神明感召下的悲憫精神。繼續走到隔壁展廳，赫然出現臺灣神像門板——過去中國傳入的神明，原來是潘春源（1891-1972）家族的作品。潘家祖孫三代經營畫室，彩繪宮廟壁畫、門神等的作品遍及臺南、高雄，北至大龍峒保安宮等處。這也是臺灣許多傳統畫家的本職和展場所在，有的畫家在日治時期兼學日本傳入的膠彩畫，轉戰現代化的展覽會。1930年代後期皇民化運動加速，使臺灣傳統寺廟被整理與裁併，日本神社數量大增。不只是寺廟，正廳改善使家中的神主桌改為供奉天照大神的神宮大麻。這個過程衝擊到傳統畫家，廟宇彩繪工作減少，不得不兼畫廣告或插畫。當年島嶼上眾神明擁擠不堪，左右著藝術家的生活。如今各自安置在美術館展示，那裡是一小方皇國日出之景，這廂矗立著九尺威武門神。

　　本文開頭提到，猶豫〈新高山之圖〉該不該放入臺灣美術展覽展出的問題。還有思考日本、臺灣畫家如何面對國家神道信仰等等，每當對臺灣美術史產生錯綜複雜的問題意識，往往只能從這些零散的故事，拼湊一點稍縱即逝的感想。又或是一不小心就在展場走馬看花，打卡結案。

　　不過現在有了一個完整案例可以細讀深思的機會。從踏入

臺博館庫房開始，錡豫便展開他追索臺灣神社收藏的腳步，並完成碩士論文，也是現在這本書的雛形。*臺灣神社的收藏是怎麼來的？有哪些藝術家的創作？又如何流傳至今？延續出版社前回出版頗受好評的《物見：四十八位物件的閱讀者，與他們所見的世界》一書觀點，作者以「物」為取徑重新編寫這段神社收藏史，使內容有了更清晰易讀的脈絡。同時憑藉藝術史研究的功力，進一步解釋作品風格由來。例如這些山岳風景畫的構圖取景方式、七寶燒紋飾的裝飾性、〈鄭成功畫像〉摹本的不同風格，原來都有其所以然。不但如此，超越碩論範圍，他鍥而不捨地追查解明了〈八咫烏圖〉懸案，以及如神社的「飛龍」變「金龍」、紀念碑被拼裝重組等的過程。閱讀時跟隨其考察所至，有著迂迴曲折的趣味。

不過作者也經常停下腳步省思，關於歷史記憶、文化遺產的事情。本書內容涉及神道、國族，與殖民體制等不斷交纏，並延續至戰後的議題，無法逃避。過去研究不乏從政策、空間，或文學的角度探討這些議題，但是如本書以神社收藏為題進行藝術史研究，作為出發點的並不常見。雖然考察出答案的同時，可能衍生更多問題思考。比如說，這些「物」與其奉納、流轉的過程，能否映照出：國家神道在近代日本與各殖民地的相對關係和變化、島嶼眾神明隨之共存或相斥的狀況，以及，（前）被殖民者對此凝視或介入的主體位置等等。或許還需要結合研究方法或立論基礎，進行冷靜的學術思考。但是無論如何，當神明遺留的寶物與遺跡仍然存在、出現在眼前，引發我們共鳴或批判的反應，又就算是冷漠以對、視而不見的態度，都會繼續映照並塑造我們是誰。

讀這本書的時候，我常在想，若是再早個十幾二十年，無論是客觀或主觀條件，可能都沒有誕生這本書與其讀者的機會。現在很高興能讀到錡豫這本書，諸多問題並不好解，但重新理解的過程實屬必要。期待這本書也能映照出我們心裡某些未知的地方。

---

* 劉錡豫，〈臺灣神社美術收藏的建立、展示與戰後流轉〉（臺北：國立臺灣師範大學藝術史研究所碩士論文，2020）。

寫在前頭

〈官幣大社臺灣神社境內之圖〉

1906年印刷發行　1916年再版　銅版畫
秋惠文庫提供

1945 年 8 月 15 日，大日本帝國宣布投降，第二次世界大戰結束。

在臺灣，有人哀傷又憤慨，因為日本最終未能實現大東亞共榮；也有人鬆了口氣，慶幸這場宛如深陷泥淖般的戰爭終於結束；有人則期待且緊張，既期待未來將脫離殖民，又緊張於一切充滿著未知感。

此時，原本負責統治臺灣的總督府，對臺灣的控制力尚存，除了致力穩定社會，還成立「殘務整理事務所」，負責善後事務，並出版《臺灣統治概要》以及《臺灣統治終末報告書》，為臺灣總督府留下施政的總結報告。書中從總督府的視角，詳述中華民國行政長官公署接收臺灣的情形，並記錄下這段時間臺灣人及留臺日人的動向、財產處分等問題，[1] 我們也可以看到在日本人眼中，戰後初期的動盪局面是什麼樣子：

> 時至 9 月，我方與中國在南京舉行「中國戰區投降調印式」，確定臺灣土地要歸還給中國。這比我們當初所預期得還要早，而島民心裡也產生了一些反抗心，離心的傾向越來越表面化，終致發生衝突。例如：向地方第一線高級官員施暴、拒絕提供穀類等食物、要求歸還以往所提供的食物等，這種紛爭不斷地發生。趁局勢混亂的時候，有些人還搶奪日本人的財物，導致社會治安更形敗壞。而中國先遣來臺的軍官，四處宣傳本島光復解放，使得暴動的情形更加嚴重，即使到了 10 月份設立指揮所之後，這種熱度絲毫未曾稍減。再加上日本政府的行政執行力也急速的衰退，所以本島的治安更形紛亂。[2]

雖說臺灣在戰後政權交接期間，社會秩序混亂出現動盪，但是相比日本在東亞其他的占領地，情況已和緩許多。在朝鮮半島，各地傳出「朝鮮人」(指原住在朝鮮半島的朝鮮族)引發的火災與暴動，原本位居高位、安逸度日的日本人，首度強烈認知到四周朝鮮人激進的敵意，感受到喪失安全感後的恐懼。在滿洲，由於蘇聯、中共與國民政府三方勢力進駐，此處很快

成為政治軍事角力的戰場，再加上氣候嚴峻，日本人的處境可謂雪上加霜，無比艱困。這些情緒和觀念，也充分反映在殖民地的日本神社如何受到處置的過程。因為是殖民統治的鮮明象徵，在政權轉換期間，神社都會面臨不同程度的廢除或改建，而朝鮮半島和滿洲國幾乎很快就拔除了這些殖民者的痕跡。相較之下顯得特別的案例，正是本書所要介紹的臺灣神社。

臺灣有神社？

　　讓我們將時間從 1945 年快轉到 2009 年，位於臺北外雙溪的國立故宮博物院舉辦了「重生記——鄭成功畫像修復成果展」，展出由國立臺灣博物館典藏、委託國立故宮博物院修復完成的〈鄭成功畫像〉。如果你是當年前往參觀的其中一人，或許在展場內看到這幅畫像時，會有點訝異一旁總說展示板上寫有「致送給臺灣神社」這樣的描述（圖 1）。

　　臺灣有神社？我們對神社的印象，無非是巫女、鳥居與石頭狛犬，這些也是如今臺灣推動日本風的商業觀光活動（像是在百貨公司與公園舉行的文創市集）時，最常使用的視覺符號。藉由日本動漫文化的強力輸出，我們得以透過《犬夜叉》、《天氣之子》或《妳的名字》等知名作品，初步認識神社與神道文化的魅力。而在日本，舉凡伏見稻荷神社、明治神宮、嚴島神社等，也都是十分熱門的觀光景點。

　　然而就在一百多年前，臺灣被日本殖民統治的時代，日本也在臺灣建造了大大小小的神社，從鵝鑾鼻到新高山（玉山）山頂，都可見到它們的蹤跡，根據日本研究海外神社的專家金子展也統計，戰前全臺神社的數量超過兩百間。[3] 隨著日本戰敗，臺灣與澎湖由中華民國政府接收，這些神社大多被拆除或改建，成為留存於照片、繪畫、文字與老人家記憶裡的殘片。

　　在這些神社裡，現址為臺北市中山區圓山大飯店的臺灣神社，地位最高，它的社格為「官幣大社」，是當時由日本政府所支應的最高位階神社。臺灣神社成立於 1901 年，供奉在臺

重生記－鄭成功畫像修復成果展

由國立臺灣博物館典藏的〈鄭成功畫像〉，是對於清代初期的臺灣歷史具有特殊意義的一幅肖像畫。鄭成功（1624-1662）原名鄭森，祖籍福建泉州，出生於日本九州；父親為鄭芝龍，母親為日本田川氏。由於成功在十七世紀中葉曾率眾抵抗清軍，並將佔領臺灣的荷蘭人驅離，因此受南明唐王賜姓朱，名成功，南明桂王也封他為延平郡王，因此又稱國姓爺、鄭延平、鄭王爺。

鑑於〈鄭成功畫像〉的畫心早已呈現多處折痕、斷裂，而且顏料嚴重脫落，導致畫面斑剝，保存岌岌可危。為了及時搶救這件重要的作品，臺博館自民國九十三年（2004）起，即委請國立文化資產保存研究中心籌備處，進行畫像的科學檢測與分析。最後，始交付國立故宮博物院裱畫室，於九十六年（2007）七月開始執行揭裱重裝，九十七年（2008）十二月完成修復。

〈鄭成功畫像〉據傳是他生前在臺南命人所繪，創作年代約在清代前期（17世紀中葉），所以很可能是最早，也最接近真人的鄭成功肖像。在納入博物館庋藏之前，本件原本屬鄭維隆所有，其先祖鄭長即鄭成功（1624-1662）的堂兄弟。鄭克塽（1670-1717）降清之後，這幀畫像被鄭長攜往臺北後山陵安置，傳至第五代鄭維隆時，明治四十四年（1911），他在佐久間總督授意下，將此作致送給臺灣神社（後來改稱延平郡王祠）。臺灣光復後（1945），此作才轉由省立博物館（即現今之國立臺灣博物館）收藏，並流傳迄今。

本次故宮舉辦「重生記－鄭成功畫像修復成果展」，除了展示修復後的圖像，並同時公開發表檢測與揭裱過程，希望能對保存、研究古老肖像畫的議題，提供具體助益。

"The Portrait of Koxinga"
painting of special significance
Cheng Ch'eng-kung (1624-1
(meaning "Lord with the Impe
Shen. His family came from
Kyushu, Japan. His father was
surname Tagawa. Because K
Ch'ing dynasty in the mid-seve
rule by expelling the Dutch, the
Chu (the imperial family name
(meaning "the successful"). Th
Prince of Yen-p'ing. Thus, h
Surname," "Cheng of Yen-p'in

Koxinga's portrait had lon
as severe flaking of the pigme
future uncertain. To save this
Taiwan Museum starting in 20
for the Research and Prese
investigation and analysis of t
the Mounting Room of the Na
remounting beginning in July

The portrait was said to h
This would date the pain
mid-seventeenth century, ma
Koxinga. Before it entered the
was originally in the possessio
was Koxinga's cousin. After
surrendered to the Ch'ing d
Hou-shan-p'o in Taipei by his
descendant, Cheng Wei-lung
Sakuma suggested that the
changed to the Koxinga Shri
1945, the painting was tran
National Taiwan Museum), its

Before the return of "The
the National Palace Museum
restoration efforts for audienc
investigation and remounting.
research on this antique porti
audiences alike.

1 「重生記」修復展的總說展示板照片
國立故宮博物院提供

「致送給臺灣神社（後來改稱延平郡王祠）」括號內應為筆誤，後改稱延平郡王祠的是臺南的開山神社，臺灣神社戰後的用途變遷請見本書第九章

2 臺灣神社

取自臺灣寫真會編，《臺灣寫真帖》，1914年

灣去世的日本皇族北白川宮能久親王（1847-1895）與開拓三神（即大國魂命、大己貴命、少彥名命等三位神祇的合稱，日本神話中的國土守護神）。或許這會令你覺得奇怪，神社裡為什

再生記－鄭成功画像の修復成果展

　国立台湾博物館所蔵の〈鄭成功画像〉は、清朝初期の台湾歴史にとって、特殊な意義を持つ肖像画であります。鄭成功（1624－1662）は原名を鄭森といい、祖籍は福建泉州でしたが、彼は日本の九州で生まれました。父親は鄭芝龍で、母親は日本の田川氏です。鄭成功は17世紀半ば頃、人々を率いて清軍に抵抗し、また台湾を占領していたオランダ人を台湾から追い出したため、南明（1644－1662）の唐王より「朱」姓と「成功」という名を賜わられ、その後、南明の桂王も彼を延平郡王と封じたため、国姓爺・鄭延平・鄭王爺とも呼ばれるようになりました。

　この〈鄭成功画像〉の絵の傷みはひどく、ところどころおりや断裂が見られる以外に、画面は顔料の落ちひどく、見るに忍びない状態で、そのままでは保存が難しくなっていました。この重要な作品の状況をはやく改善しようと、国立台湾博物館は民国九十三年（2004）に国立文化資産保存研究センター準備処に依頼して画像の科学的検査と分析を行った後、国立故宮博物院の絵画表具の改装をし始め、2008年12月に修復を完成しました。

　〈鄭成功画像〉は鄭成功が生前台南で人に命じて画いたもので、創作された年代は約清時代の前期（17世紀半ば）だと伝えられてきましたから、もっとも早期の、しかも本人に近い肖像画だといえましょう。国立台湾博物館が所蔵する前、この肖像画は鄭維隆の所有でありました。その先祖の鄭長は鄭成功の従兄弟でした。鄭成功の孫鄭克爽（1670－1717）が清朝に降った後、鄭長はこの画像を台北の後山陰に安置しました。明治44年（1911）に、その第五代孫の鄭維隆は、佐久間総督の指図によって、この作品を台湾神社（後に延平郡王祠と改名）に進呈しました。戦後（1945）この作品は省立博物館（今の国立台湾博物館）が収蔵し、今日に至りました。

　このたび、国立故宮博物院は「再生記－鄭成功画像の修復成果展」を行う際に、修復後の画像を展示する以外に、その検査及び表具のしなおしの経過を同時に公開し、具体的に古い肖像画の保存方法及び研究の議題に役に立ちますよう願う次第であります。

麼會供奉一位當時剛過世沒多久的日本親王？如果想成供奉德川家康（1542-1616）的日光東照宮（建立於1617年），或許就可以理解：這是祖先信仰與偉人神格化的雙重體現。

　　我們曾在歷史課本中讀到，北白川宮能久親王於1895年率近衛師團佔領臺灣，最後在臺南病逝的故事。站在臺灣人的角度，作為武力占領者的能久親王，無疑是日本殖民統治臺灣的象徵性人物。不過近年對北白川宮能久親王的研究，也揭示了他對日本人來說不只有臺灣史觀所知的典型日本皇室形象。早期他作為幕末反明治政府勢力所扶持的盟主（一説為東武天皇），戰敗後，被明治政府指為朝敵而遭軟禁，之後又被派往海外征戰，最終以軍人身分客死異鄉，可説充滿悲劇性的生命歷程。換言之，基於抗日或殖民史觀，過去在我們眼中與日本帝國畫上等號、代表日本天皇前來殖民的能久親王，換個角度來理解，反而可能是一位明治維新下的敗者／他者。[4] 加入這段介紹，並不是要為能久親王征臺的事實進行翻案，而是希望

3　臺灣神宮

取自緒方武歲，《要塞臺灣の全貌》，
臺北：臺灣出版文化株式會社，1944

提醒讀者，所謂殖民的結構，實際上存在著多個層次。回首歷
史時，若能掌握更多的視角和狀況互相參照，方能體會到每一
種史觀既有特定的關懷、也會有相應的侷限和掩蓋，意識到這
點，可幫助我們從中做更適合的理解與判斷。這個觀念也會在
這本書中不斷出現。

　　1901 年，日本在風光明媚的劍潭山麓上建造臺灣神社，
供奉能久親王。這座臺灣最高階的神社，樣式上參照地位崇高
且歷史悠久的伊勢神宮，表現與日本皇室、神話的緊密關聯，
也成為臺灣日後許多神社建築的參考依據。

　　歷經數十年的不定期擴建，臺灣神社漸漸成為重要的觀光
景點。每年 10 月的祭典，吸引島內外的民眾聚集在臺北。直
到 1930 年代，由於神社建築逐漸老舊且不敷使用，於是政府
啟動擴建的計畫。經過多次勘察，最終決議在臺灣神社隔壁另
建新的社址（位於如今的圓山聯誼會），並增祀天照大神，將
臺灣神社改名為「臺灣神宮」。

　　不過，當新的臺灣神宮即將建成之際，已是二次大戰的末
期。1944 年，有一架旅客機墜落至臺灣神宮，造成部分建物

失火。[5] 隔年 5 月，數十架來自菲律賓的美軍飛機空襲臺北，向臺灣神宮投彈，造成拜殿部分燒毀。[6] 幾個月後，隨著兩顆原子彈落下，日本便宣告投降了，臺灣神宮的神明，很快就要離去。

如何看見與思考消失的臺灣神社

以上簡單回顧臺灣神社的歷史，也許部分熟知臺灣史的讀者，知道臺灣神社在戰後被拆除、改建成如今的圓山大飯店。但有關神社如何廢除、其中的器物珍寶流落何處，甚至是祭神——北白川宮能久親王的下落，仍是歷史謎團。在那動盪紛亂的時刻，作為帝國海外殖民者保護神般的能久親王，最終失去名為帝國的保護傘，他究竟去了何方？這一切又和現在的我們有何關係？

為了解答這些問題，有必要嘗試加入新的觀點一起思考，也就是並非僅有研究神社建物本身，也不只談殖民統治的單一批判觀點。本書將焦點放在神社裡的「物」——包含奉納神社的器物、書畫，甚至在神道中作為神明宿體的「御靈代」，他們在大時代的流轉命運，將會輻射出臺灣與世界情勢連動的複雜關係，新的觀點將會幫助我們站在前人的討論與省思基礎上，繼續走得更踏實。

事實上，近年也有學者嘗試從物品奉納與信仰文化的角度，觀察神社與臺灣社會的相互關係。同時，一些宗教史研究者也漸漸注意到可以從視覺與物質文化的角度，解讀出過去無法了解的信仰、空間、物品與儀式之間的關係。[7] 因此，戰後流散臺灣（與少數在日本）各處的大量神社「遺物」，也可以說是值得被注意的歷史材料，甚至可以讓我們看見文獻紀錄裡未知的世界。讀完本書的每一章，讀者都可以這麼問：透過以物為取徑的思考，我們是否距離未解的歷史謎團真相又更近一步了呢？

1906 年，臺人仕紳辜顯榮（1866-1937）向臺灣神社獻上銅

版畫〈官幣大社臺灣神社境內之圖〉（請見本書的附件），是由東京一家專門接受神社、宅邸、商家、工廠委託，製作精美建築銅版畫的銅版工坊「精行社」所製作。此時雖已是照相技術出現，且頻繁為政府單位運用的時代，但精行社仍持續以人工的銅版技術，表現照相難以實現的宏偉視覺奇觀，以及細密的質感、建築細節。從銅版畫中，我們可以看到神社的各個建築被詳細刻畫，並標示出名稱，也鐫刻出參道旁陳列的石燈籠、狛犬、砲塔。並且，這份社境圖並不是初刻的版本，而是隨著神社建築、陳列物逐年增建，跟著增補的再版本。

此圖一方面提供參拜者了解臺灣神社的位置與格局，一方面也彰顯臺灣神社是由多個物（object）所組成的群組，宛如經過精密組裝後，演出不同祭祀儀式或權力展演的舞臺裝置。包含圖中可見的陳列物，以及收藏在神社建築內的藝術品，就我所能統計到的個別單位的數量，超過數百件。在藝術品中，包括這件銅版畫，以及開頭所提到的〈鄭成功畫像〉在內的書畫、工藝品，則有四十件上下。相較當代的公立美術館、博物館，這樣的收藏數量雖然不算多，但作為一座宗教設施，卻具有獨特的收藏脈絡。總之，不同於過往探討臺灣神社建築的書籍，本書著眼於神社收藏的「物」，挑選其中十個具代表性或故事性的主要物件，發現與解讀這些物語（物的語言），跳脫過往我們對日治時期歷史的片面理解。

在本書各個篇章中，我將發掘這些物件的作者，以及涉及物件生產、移動與收藏的歷史訊息，進而釐清物與人、物與神社、人與神社之間的多層次網絡。最重要的是，解讀物件上承載的圖像、材質訊息，以及物件與所在空間的關聯。例如一幅描繪富士山的畫軸，它的作者是誰？是訂製還是轉贈？畫軸是如何以相應的裝裱收藏於神社，而富士山對臺灣神社而言又具有什麼意義？如果你覺得富士山作為日本文化的重要象徵，會出現在神社內乃是合情合理，那麼你一定會很訝異，臺灣神社裡還收藏了描繪位於如今北韓的長白山的畫軸——又該如何解讀畫作的意涵呢？

藉著循序漸進的編排，我希望帶領各位遊走在這座由「物」

4 郭雪湖 〈圓山附
近〉 1928年 絹本設
色 94.5×188.0公分
郭雪湖基金會授權
臺北市立美術館藏

所建構的神社殿堂,將隱藏在神社深處,為主流歷史敘事所遺
忘的事物加以抽絲剝繭,拓展對曾經存在於臺灣這座島嶼的神
社與神道文化,更清晰的認識。

臺灣神社的當代意義

　　然而,也許你會感到疑惑,這些進入臺灣神社的藝術品,
出自臺灣人之手的作品數量多嗎?答案可能是否定的,大多數
都來自日本畫家或藏家(就算是前面介紹的銅版畫,也出自日
本的工坊)。此種現象或許反映了當時神社與臺灣社會的關係。

　　以郭雪湖(1908-2012)入選臺灣美術展覽會的名作〈圓山
附近〉(1928)為例,這幅畫描繪了基隆河兩岸的自然風光與
現代化建設,然而「隱藏」於畫面之外,沒有直接畫出的神域
——臺灣神社,很可能才是畫家有意凸顯的重點。[8]對郭雪湖
而言,自幼生活在大稻埕臺灣人生活圈的他,不見得熟悉神社
在日本文化的傳統意涵,但他卻有機會在殖民者制定的年中行
事、動員參拜中,親身感受臺灣神社作為日本統治象徵的崇高
性。郭雪湖也描繪過其他有神社圖像的作品,例如描繪護國禪

前台灣神宮充用市民教育館

（台灣社訊）教育處第四十餘年，深信台北社教科葉科長相、本日對記者稱：台北市民眾教育館館長將派王潔宇充任王氏前在湖南省任館長在積極籌備中。事業必有重大晨望「館址經已擇定台灣神宮現

舊總督府廳改為文化館

（本市訊）台灣之阿呆塔台灣總督府廳經於長官批准、重新改變、為本省文化館、四個年計劃加以修改、竣工後、設置博物室、圖書室及其他公共施設云。

5 臺灣神社曾一度要改建為臺北市民眾教育館

取自〈前臺灣神宮充用市民教育館〉，《民報》，1946年4月14日第2版

寺旁豐川閣稻荷神社的〈春〉，不過在〈圓山附近〉，郭雪湖選擇將臺灣神社隱於美好的田園自然意象中，留下代表參道空間的明治橋與圓山風景。歸巢的白鷺鷥、耕作的農婦與層次分明的樹林，不見得呼應真實景物，而是畫家精心布置的舞臺。神明存在於沙沙作響的樹林裡，甚至是無所不在的大氣，神社看似遙遠且疏離，卻又無所不在。這種既隔絕又被權力所壟罩的意象，或許說明了並未完整扎根於臺灣的國家神道，如何經由總督府所訂定的身體規訓，與臺灣人的社會呈現既隱晦又鮮明的矛盾感。

也許你還會這麼想：既然神社裡的藝術品大多與臺灣人沒什麼關係，那為什麼要透過這些藝術品認識臺灣神社？

這是因為，隨著二次大戰結束，總督府的瓦解，導致神社藏品流散各處，無疑使這些物件與臺灣社會建立起新的連結。而這正是本書後半篇章的重點

有些人可能知道臺灣神社的地址如今是圓山大飯店，但實際上，接管臺灣的行政長官公署，最初屬意將神社改建為臺北市民眾教育館、將總督府改為「文化館」；這個與現在所見結果，完全不同的考量，可以從當時公文與報紙看到。也因此，由於最早負責接收臺灣神社藏品的單位，是行政長官公署教育

6 那須雅城〈新高山之圖〉（中間掛軸）於「不朽的青春」展出時展場照片
北師美術館提供

處（今教育部國教署前身），以致有部分物件輾轉進入該處管理的臺灣省博物館內（今國立臺灣博物館）。它們在戰後各自流轉、移動的際遇，與臺灣社會發生過什麼樣的互動，對現在的人們來說可能難以想像。請容我在此賣個關子，詳情請瀏覽本書的內容。

正因為諸多歷史的偶然或必然，使藝術品從神社內被帶到博物館內，真正進入臺灣人的視域之中，不再只是束之高閣的「寶物」。縱使在很長一段時間，它們都因為敏感的文物屬性，被封存於庫房深處，但伴隨解嚴後日益發展成熟的歷史學、藝術史學的研究，這些物件終究能夠迎來有機會被妥善詮釋、研究的契機。例如開頭我提到的臺北故宮「重生記」展覽，就標示出了〈鄭成功畫像〉及其摹本和臺灣神社的關聯。還有，像是 2021 年北師美術館「不朽的青春：臺灣美術再發現」，展出臺灣神社舊藏的那須雅城〈新高山之圖〉。研究團隊以藝術史的角度，將此作置於畫家如何以水墨描繪山岳，賦予藝術性的分析，開展從山岳題材理解這件繪畫的新意的視野。〈新高山之圖〉壯觀的構圖與細膩的用筆，再加上金碧輝煌的色彩，可以說是展場中的一大亮點。

除了以上兩件作品，還有許多原本臺灣神社舊藏的書畫、雕塑、工藝作品，因其媒材或圖像的特殊性，或是背後蘊含的複雜文化脈絡，值得向各位介紹。本書不僅止於梳理神社物件

在戰前的歷史，也會進一步介紹它們在戰後戒嚴與冷戰時空下的流轉境遇。這些神社之物，有些被重新賦予新的意涵，有些則被改裝或拆除，種種加諸在它們生命史上的鑿痕，都訴說著臺灣這座島嶼獨特的歷史經驗。而這些經驗縱使放眼全球，依然具有無可替代的意義。

　　如今，臺灣神社的建築、信仰已然湮滅，神明亦已離去，但現在還留下來的「物」卻能承載神社的過去、現在與未來。在此基礎上，我們如何試著思考與不同文化下的遺產共處、協調或和解，相信會是更為適合當代的思考方向。

Chapter 1

富士山，橫越大海來到臺灣

野村文舉　〈富士山圖〉

1901年　立軸絹本設色　55.0×84.0公分
臺灣神社舊藏　國立臺灣博物館藏

在文章開始之前，我想帶領各位回想一下（無論你有沒有親身造訪過），世界各地宗教設施裡的藝術。

當你走進寺廟，也許會注意石壁或樑柱上的彩繪或浮雕，它們大多記錄了忠孝節義的傳統故事，或是與這座寺廟信仰有關的靈驗事蹟。如果你造訪歐洲的教堂，可能會看到描繪聖經故事的壁畫，而若你走在日本神社、寺院中的木頭廊道，也能欣賞拉門上的障壁畫，往往描繪了花鳥、山水或人物圖像。

無論如何，這些「裝飾」是整個宗教建築的一部分，與所謂架上繪畫（Peinture de chevalet，泛指使用畫架，在紙張或繃好的畫布上作畫的作品）不同，在製作的時候就必須考慮成品所在的位置，以及跟周遭空間的相互關係。

至於本書即將介紹的絕大多數物件，包括掛軸、器物、銅像、紀念碑，都是獨立於臺灣神社，被收藏或展示的「物」。這個特性十分重要，因為這不僅涉及調度、搬移、陳列等空間性的議題，也是它們在神社被拆除、改建以後，能夠與建物脫離，留存至今的主因。

神社有書畫、工藝品收藏，在日本文化中並不罕見。在臺灣的寺廟內，與建築裝飾脫鉤的「物」主要是神像、匾額或香爐等，其餘的類型並非沒有，只是比較少見。但在日本歷史悠久的神社與寺院中，卻收藏了許多書畫、器物，或是掛在建築外側的繪馬。這些物件的製作和收藏，與日本美術史的關係十分緊密。甚至我們可以這麼說：日本撰寫美術史的過程，便是將上述的「物」重新定義、編入「藝術（fine art）」的過程。

日本在明治維新期間，神社寺院於西化浪潮中遭到破壞，國粹主義者岡倉天心（1863-1913）等人呼籲保護社寺建築與內部的藏品，視為追溯國家文化、歷史的重要基礎。於是日本參考歐洲對「藝術（fine art）」的定義（過去，藝術在漢字圈被理解成「技藝」，像是騎馬、射箭等，直到近現代才與西方的 fine art 概念結合，成為如今我們知曉的意思），將過去僅視為建築裝飾或器具的「物」，重新理解成「藝術品」，而古代的優秀畫工、木匠，則成為日本美術史中的「藝術家」，類似過程在稍晚的中國也發生過。

1 日本神社與藝術界
的關係，甚至延續到了
二十世紀。圖為橫山大
觀（1868-1958）繪製、
奉納神戶湊川神社的〈楠
公像〉 取自1935年3月
《世界畫報》封面 陳力
航提供

　　在許多詞彙的定義被重新建構的世紀之交，日本神社陳列
藝術品的方式，也被比擬成一種前現代（Pre-Modern）的展覽。
1907年，日本效仿歐洲，設立由政府主辦的美術展覽會，參
與展覽籌備工作的岡倉天心以神社的掛畫為例，闡述他對現代
展覽會的想法：

　　　　自古以來，日本雖然沒有公開展覽會，但是畫家向
　　公眾展示技藝引發其興趣的方法並不少——像神社佛
　　堂裡設有繪畫堂即為一例。淺草（寺）懸掛嵩谷的〈賴
　　政退治〉、容齋的〈厩屋喜三太〉、曉齋的〈鬼女〉等，
　　當然原因很多，但必定也包括了向公眾展現畫家的技
　　藝。其他如嚴島神社的迴廊上，不也曾掛滿了繪畫作
　　品嗎？而大家都記得的〈山姥〉確實在那裡大放異彩。[1]

　　有意思的是，就在稍早，於日本殖民統治下的臺灣，擔任
臺灣神社宮司（神社內職位最高者）的山口透（1855-1938），也
基於相似的命題，在〈兒玉爵帥奉獻七寶燒香爐及卓記〉提出
不同的觀點：

　　　　收納在神社的器物分成三個種類，第一種是祭神的
　　遺物，或者是和神社有著因緣的器物；第二種是古代

的**器物**，世間厚遇並稱之為寶物；第三種是委命當代
的名工製作出來，並奉獻給神社的器物。第一種其重
要性無需多言，第二種雖是珍貴的，但不一定只會收
藏在神社裡，只有第三種，是從一開始就用心製作，
這樣才能以表敬奉神明的心。就像古代大三島的神明
向藤原佐理尋求書跡，蟻通神接受了紀貫之吟唱的歌，
人之心終能上達神明的心中。[2]

不同於天心以藝術史家的眼光，從現代展覽會的展示概
念，闡述神社收藏與藝術的關聯，身為神職人員的山口透，則
關注神社收藏如何向神明表達信仰，並使用傳統的器物與名工
的詞彙，來描述當時已出現的「藝術」與「藝術家」概念。在他
來看，這些奉獻給神社的器物是為了向神明展示虔心，無關乎
西方的藝術概念。

聽起來有點複雜吧，別急，讓我以臺灣神社收藏的第一幅
畫〈富士山圖〉為例，說明這些收藏、陳列於神社內的掛軸畫，
如何「畫」給神明看，以及背後傳統與現代，不同定義彼此錯
綜交織的複雜意涵。

御用畫家野村文舉

山口透口中「當代的名工製作出來，並奉獻給神社的器物」
是指甚麼呢？比對文句後半的內容，我們可以找到答案：

兒玉爵帥向臺灣神社獻納的寶物器物數目很多，
都是當代的新名工，最初是野村文舉的富士山圖及雞
圖……全都仰賴無雙的工匠師傅凝聚設計的巧思完
成。[3]

1902 年 5 月，臺灣總督兒玉源太郎（1852-1906）參拜臺灣
神社，他在神職人員的引導下完成儀式，並奉納兩幅畫軸。分
別是描繪雄雞帶領雌雞、雛雞覓食的〈雞圖〉，以及描繪富士

2　野村文舉　〈清水寺春雨圖〉　1906年　立軸紙本設色　138.3×74.0公分　皇居三之丸尚藏館藏

山的〈富士山圖〉。畫軸的作者野村文舉(1854-1911)是當時備受崇敬的日本畫家，如今〈雞圖〉下落不明，而〈富士山圖〉則留存迄今(在文獻中〈富士山圖〉也被稱作〈富嶽圖〉，此處以臺博館典藏資料的名稱為準)。這兩幅畫，是已知最早被收進臺灣神社的繪畫。先不論下落不明的〈雞圖〉，〈富士山圖〉又是如何表現「畫給神明看」呢？

　　1854年野村文舉出生於京都，年少時拜師鹽川文麟(1808-1877)，文麟屬於四條派，這是起於江戶時代，重視實景寫生，善於描繪花鳥山水的畫派。之後隨著文舉在各大展覽會中獲獎、嶄露頭角，受邀進入「學習院」任教，其地位甚至被評為等同於帝室技藝員(由宮廷任命，領有俸祿的傑出藝術家)。[4]學習院是教育皇室、華族子弟(明治維新後，江戶時代原本服務宮廷的高級公家官僚、以及大名藩主皆改稱為華族)為主的學校，大正天皇(1912-1926在位)在還是嘉仁皇太子的年少時期，便就讀學習院，接受文舉指導。

　　此後，文舉開始參與皇室的文化藝術事業，如1906年配合宮殿裝飾，繪製〈清水寺春雨圖〉獻給皇室。畫中，可以看

到文舉擅長溫和而細膩的筆觸，描繪沐浴在春雨之中的京都清
水寺，研究者認為這種柔和的畫風，是文舉風格的代名詞。[5]

　　除了參與宮殿的裝飾工作，野村文舉也多次配合皇室的節
慶，繪製作品獻給宮廷。1900年，嘉仁皇太子成婚，總督兒
玉源太郎特地委託皇太子的老師野村文舉，以臺灣風景為題材
繪製屏風。於是重視實景寫生經驗的文舉，與兒玉一起搭乘橫
濱丸到訪臺灣。

　　面對臺灣的風景，使野村文舉完成表現澎湖島、新高山風
光的屏風畫。根據描述，這是「如同蓬萊山般的新高山，與像
是龍宮城的澎湖城的一雙屏風」、「一片表面畫新高山、背面為
竹，另一片的表面畫澎湖島的模樣、背面是該島的物產，……
並且使用了瑞芳金山產出的金泥。」[6]結合在地物產與風景的做
法，體現畫家表現臺灣特殊性的巧思。由於屏風藏於日本皇
室，我們目前僅能從文字描述推測全貌，但在當時總督府出版
的明信片中，使用該屏風描繪新高山的部分作為插圖。（圖3）

　　觀察畫面，可以發現文舉運用了不同於〈清水寺春雨圖〉
的畫風，以造型銳利的陰影色塊，表現山岳岩石堅硬的稜角，

5 在國立臺灣博物館庫房內所拍攝的〈富士山圖〉畫心

作者拍攝於2023年8月29日

色塊之間的亮面代表突起的山體稜線。這種剛硬的線條和筆觸，也出現在他描繪北海道的風景畫上（圖4），表現畫家對真實山岳表面銳利質感的詮釋。另外，文舉在描繪新高山的畫面中還勾勒了周遭的山景，例如右下角的堅硬山體疑似是塔山。

富士山圖像的意涵

也許是藉著來臺的契機，兒玉源太郎在某次前往東京的途中，向野村文舉委託繪製獻給臺灣神社的〈富士山圖〉。文舉苦思多時，數月以後才動筆作畫。相比獻給太子的屏風，〈富士山圖〉畫面較為單純。文舉先以飽含水分的大筆觸描繪富士山的半山腰，接著在接近山頂處勾勒許多尖銳的稜角，並添加明暗對比表現山體的質感。最後安排雲霧圍繞山體，藉由後方橘紅色天空的襯托，營造出富士山神聖雄偉、超然獨立的莊嚴姿態。

如同前面所提到的，這幅由兒玉源太郎奉納、野村文舉創作的畫軸，並非面向展覽會或是皇室的「藝術」，而是敬獻神明表達誠心的「物」，也因此，如何讓視覺圖像符合信仰背後的文化脈絡，便是「畫給神明看」的條件。

雖說這並非文舉唯一一次描繪富士山，但文舉在其他的展覽會作品中，多將富士山置於畫面的遠景，並在前景搭配杉

6 左 野村文舉 〈富士〉的黑白圖版 1904年入選日月會第四回展

取自《美術畫報》，16編，卷5，1904年12月

7 右 北白川宮能久親王御筆 〈大己貴命少彥名命〉 立軸紙本 60.0×49.0公分 臺灣神社舊藏 國立臺灣博物館藏

取自臺灣教育會，《北白川宮能久親王御遺跡寫真帖》，臺北市：臺灣日日新報社，1928

樹，營造空間感（圖6）。在〈富士山圖〉中，文舉選擇富士山與纏繞半山腰的山嵐作為畫面主體，捨去前後空間的描寫，僅僅透過淡雅的色彩與重視山體質感的描寫，凸顯富士山的宏偉意象與真實感。

　　畫家為何要追求富士山的真實感與宏偉意象？富士山又與臺灣神社有什麼關係？答案或許隱藏在臺灣神社宮司山口透的文章中。就在文舉的〈富士山圖〉奉納後沒多久，山口透在臺灣最大的報紙《臺灣日日新報》上描述作品中的意涵：

　　　　芙蓉八朵，峻嶒插天，白雲擁護其半腹，王畿之鎮儼見矣。[7]

　　大多數的民眾沒有機會進入神社的庫房親睹畫作，於是山口透以漢詩（同時也是日治初期日本人統治者向臺灣仕紳階級

進行攏絡與政治溝通的媒介）向報紙的讀者描述與詮釋畫作，成為另類的「展示」手法。

在詩詞中，「芙蓉八朵」是富士山頂的美稱，形容富士山頂的八座小山峰宛如出水芙蓉的八朵花瓣。江戶時代畫家野呂介石（1747-1828）的〈紅玉芙蓉峰圖〉（1821，和歌山脇村獎學會藏）便以「紅玉芙蓉峰」作為富士山「紅富士」景象的代稱。至於「白雲擁護其半腹，王畿之鎮儼見矣」則是將富士山比擬為「王畿之鎮」，也就是鎮守「王畿（泛指君王＝天皇所統治的土地，也就是日本）」的象徵。如此形容，除了想到富士山作為日本國家象徵的形象以外，也對應了臺灣神社的信仰體系。

也許北白川宮能久親王悲劇性的生命經歷，與征臺的敘事太讓人印象深刻，以至於大家時常忘記，臺灣神社還供奉了「開拓三神」，這是基於國土信仰延伸出的三座神明，分別是被視為日本國土神格化象徵的國魂神「大國魂神」、在神話中統治葦原中國（人界，也就是日本本土）的國造神「大己貴神」（又名大國主命），以及同樣是國造神，與大己貴命共同治理葦原中國的「少彥名命」。其中大己貴命與少彥名命還司職農業，可以說是與土地和國家關係相當密切的神明。

三座神祇有各自的神社，但在明治初期，日本政府進行北海道的開拓事業，由於北邊的帝俄虎視眈眈，政府便將這三位神祇祀奉於札幌神社（今北海道神宮），以鎮守國土的北境，成為「開拓三神」。同理，位於國境之南的臺灣，除了設立神社，祭祀死在臺灣的北白川宮能久親王，另外供奉了與國土有關的神格，期望能保護國家南方的邊疆。由於日本治臺初期深受叛亂、水災、疫病所苦，樹立與醫藥、豐收有關的開拓三神，也有期待對臺灣的統治能日趨安定的作用。

在這個脈絡下，同樣有「鎮守」意涵的富士山，很順理成章地成為以「鎮守國土」作為信仰核心的臺灣神社首個收藏的圖像。如此一來，藉由將文舉精心製作的畫軸掛在神社空間內，希望在富士山不在的這座南方島嶼，也能夠傳遞日本殖民統治不衰的意涵。

結語

　　臺灣神社宮司山口透認為，由技藝精湛的名工，飽含虔誠的信念製作的器物，能夠表現信奉神明的心。以野村文舉〈富士山圖〉為首，在接下來的數十年間，陸續有各式各樣的器物進入臺灣神社。無論背後有著什麼樣的動機，在沒有美術館的臺灣，它們都豐富了臺灣的文化風景。

　　富士山無法被搬運到臺灣，正如同中國北宋時期的畫家范寬（約 950-1032 後）筆下的黃土高原山峰，以〈谿山行旅圖〉的形式，成為臺北國立故宮博物院的收藏，一解渡海而來的外省人的鄉愁與國族情感。畫給神明的〈富士山圖〉，或許也有相似的作用吧？如今的富士山，已是日本重要的觀光資產與文化象徵，甚至出現在千元鈔票上。〈富士山圖〉早已卸下了原本信仰與傳遞國家意識的功能，成為臺灣所擁有的文化資產，如今向我們訴說過去那段，日本畫家與他筆下的富士山，曾經遠渡重洋來到臺灣的故事。

Chapter 2

為神社訂製琺瑯瓷器

並河靖之　七寶燒香爐
1906年　有線七寶
香爐徑 14.0×高12.5公分
臺灣神社舊藏　國立臺灣博物館藏

……今年一月一日所獻上的，是七寶燒香爐及桌子，這是明治三十五年（1902），由帝室技藝員並河靖之受命製作而成。……並河先生以無與倫比的有線七寶鑲嵌技藝著名，他的名字早已在外國廣為人知。經過長達三年的時間，他投入心血，用心良苦地製作了這件作品，其設計精巧，製作優美，金紋也不過分誇張，反而更顯高雅，即使用拙筆也難以完全描寫美妙之處。並河先生自己也曾稱其為一代佳作，這實在是不足為奇的評價……

　　1906 年，臺灣神社宮司山口透迎來神社重要的收藏，這是由日本皇室選拔，欽定的優秀藝術家——帝室技藝員，並河靖之（1845-1927）所製作的七寶燒。身為神職人員，他以滿懷恭敬的心情，使用優雅的古典日文記錄了這起事件。

　　2019 年至 2023 年間，我為了研究這件器物，多次前往臺北市徐州路的國立臺灣博物館庫房申請調閱，親眼觀看這件原本只紀錄於史料裡的瓷器。隨著館員小心翼翼地將超過百年歷史的器物安置於桌上，我才能重新檢視當初山口透的描述。

　　在介紹七寶燒香爐怎麼成為臺灣神社的收藏前，請先聽我娓娓道來並河靖之的生平與成就，從而了解這件器物背後潛藏的故事。

帝國的工藝家

　　並河靖之是製作七寶燒的專家。[1]

　　所謂的七寶燒是什麼呢？如果單看這件瓷器的外觀，會覺得他是像琺瑯瓷器一般的香爐。在中國、歐洲，這種以玻璃為彩繪釉料的工藝技術，有著數百年的歷史與不同種類的變化。其中最為有名的一種，是以金屬為胎體的「景泰藍」，藉由將釉料填入胎體表面由金屬絲所圍成的空格內，表現出精緻而多彩華麗的裝飾效果。

1　清代掐絲琺瑯香爐
（五供）　18世紀　高
15.0公分　國立故宮博
物院藏

　　並河靖之所製作的七寶燒，便是上述掐絲琺瑯的工藝技
術，在江戶時期，由不同的文化路徑傳入日本以後，所演變的
新工藝形式，名稱來自佛教的法具七寶。

　　江戶末期到明治初期，隨著商業市場的開放與整體技術進
步，促使七寶燒工藝蓬勃發展。明治維新以後，日本政府以富
國強兵為導向的「殖產興業」政策，鼓勵將日本本土工藝美術
品外銷到歐美國家，對傳統美術工藝產業也有相應獎勵。其目
的一方面是增加收入，另一方面是透過日本獨特精美的工藝產
品，改變歐美國家對日本的看法。以現代角度而言，便像是與
韓國影視、電競一樣，由國家所主導的獎掖體制與文化輸出。
乘此風潮，並河靖之與他人合夥，成立七寶燒會社，開始生產
外銷到歐美的瓷器，並在國內的商業博覽會打響名聲。

　　然而並河的創業過程並非一帆風順，就如同許多商業名人
傳記中的情節，遭遇過經營拆夥、資金不足等各種問題，不過
他並未因此放棄。相反的，並河透過培育出優秀的繪師，調整
金屬線的工藝與築窯方式，直接改善了七寶燒生產的品質。

　　終於，並河在巴黎萬國博覽會中獲賞，並於 1896 年，獲
得帝室技藝員的最高榮譽，成為第二十五位得到宮內省肯定的
藝術家。

2　並河靖之製作七寶燒的工藝示範套件　19世紀　美國洛杉磯郡立美術館藏

3　並河靖之的工房照片　1904年　Underwood & Underwood 公司拍攝

　　並河靖之與野村文舉一樣，置身在傳統與現代交替的時代，他長年奮鬥、獲得評價的過程，呼應幕末明治之際，傳統工匠、畫師，轉變為「藝術家」的時代背景。另一方面，並河靖之所處的七寶燒產業，此時已非江戶時代工匠世家傳承的個體戶，從當時拍攝並河靖之工坊作業的照片中，可以看到具備大量人力的製作流程，為的是應付海內外的各種訂單。

　　在這一時期，日本的工藝品大量輸出海外，不僅滿足歐美顧客對日本的東方情調想像，同時也影響西洋美術史的發展，包含莫內、梵谷、高更等人，都是日本工藝、繪畫的愛好者。在巴黎、倫敦等城市舉辦的萬國博覽會中，日本作為當時東方最為強盛的國家受到矚目，其工藝製品可謂面向歐美的文化「門面」。

　　當時，並河在萬國博覽會中展出的工藝作品，隨後成為日本皇室的收藏，如〈四季花鳥圖花瓶〉。這件仿梅瓶器形的花

4 並河靖之 〈四季
花鳥圖花瓶〉與局部
1899年 有線七寶
徑25.0×高36.0公分
皇居三之丸尚藏館藏

瓶，表面黑色的透明釉讓人聯想到日本漆器，而繁複的花鳥圖
案，具有類似日本畫的空間感、明暗變化，鳥禽的刻畫也非常
生動。值得注意的是，仔細觀察〈四季花鳥圖花瓶〉上的花葉、
鳥禽輪廓線，皆以精細的金屬細線彎折鑲嵌而成，試圖貼近繪
畫線條的效果。總體來看，不愧是因應萬國博覽會製作的精
品，這樣的華麗效果，令人感受到並河要竭力在會場上奪人目
光的企圖心。

　　也正因為作為日本工藝的代表，在海內外得到的知名度與
成就，並河靖之受到當時總督兒玉源太郎的青睞，訂製獻給臺
灣神社的〈七寶燒香爐〉。從山口透的紀錄來看，製作的過程
頗為費時，但完成品卻有別於〈四季花鳥圖花瓶〉這種華麗而
精緻的形式。

　　臺灣神社〈七寶燒香爐〉的口沿為重複的開光雲紋裝飾，
器腹上下以祥雲紋為邊界，區分出有如抹茶綠與淺灰綠兩種釉
色的差別，中間搭配金屬細線鑲嵌輪廓的鳳紋、雲紋與菊花
紋。金屬線精巧的彎折變化，表現鳳凰的輪廓與祥雲、花葉的
造型細節，可見並河靖之精湛的工藝技術。然而相較皇室收藏
的〈四季花鳥圖花瓶〉，〈七寶燒香爐〉的裝飾風格較為傳統，
且帶有較強的平面與裝飾性的要素，和追求日本畫空間與明暗
層次的〈四季花鳥圖花瓶〉截然不同，這是為什麼呢？

5 　並河靖之〈七寶燒香
爐〉的口沿、器身與器腹
紋飾

作者拍攝於2023年9月

訂製的目的與隱藏在紋飾中的秘密

　　由於是訂製器，不同於並河靖之在博覽會中著名的器物風
格，必須考慮身為訂製者兒玉源太郎的品味與奉納動機。

　　首先，使用較為傳統的雲紋、鳳紋，較符合日本客戶的品
味，而且兒玉源太郎還是一位擅長品鑑青銅器的鑑賞家，推測
相較於「當代」的新工藝風格，傳統樣式更符合他的喜好。[2] 其
次，這件香爐最初便是為了奉納臺灣神社而製作，是向神明展
現信仰的器物，比起面向博覽會製作的華麗紋飾，帶有祥瑞意
象的傳統鳳紋、雲紋更佳。

　　然而，就在並河琢磨這件訂單時，訂製者兒玉源太郎另有
更關心的事情。1904 年，沙皇尼古拉二世統治下的俄羅斯帝
國，與日本帝國之間，以爭奪滿洲與朝鮮半島、遼東半島的勢
力為契機，爆發日俄戰爭（日露戰爭）。

　　雖然戰火遠在北方，但仍對臺灣造成影響，因為當時兼任
臺灣總督的兒玉源太郎，奉命擔任陸軍大將與滿洲軍總參謀

6 　右　並河靖之，七寶
燒香爐（附桌）現況，國
立臺灣博物館藏

作者拍攝於2023年9月

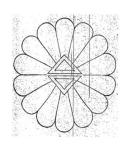

7 臺灣神社紋章版本

左　1901年第一版臺灣
神社紋章

取自〈雜報〉，《臺灣日日新報》
1901年9月8日第3版

中　1901年10月頒布臺
灣神社第二版紋章

取自《官報》5506，1901年11月8日

右　1924年頒布臺灣神
社第三版紋章

取自《官報》3588，1924年8月8日

長，前往戰火前線指揮多起戰役，包含遼陽會戰、奉天會戰等
等。翻閱當時的《臺灣日日新報》，可以看到媒體頻繁報導兒
玉的戰果，在臺灣的民眾（主要是日文讀者）得以即時感受戰
爭的存在。

　　戰爭於 1905 年結束，以日本獲勝告終，宣告日本從此擠
身新帝國主義強國之列，與西方並肩。該年 12 月，兒玉源太
郎結束在滿洲軍的軍職，重新回歸臺灣總督職務；同時，委託
並河靖之工坊製作的〈七寶燒香爐〉也宣告完成。對山口透而
言，此事可謂喜上加喜，於是隔年 1 月 1 日元旦，兒玉率領
一眾官僚，前往臺灣神社參拜時，便向神明獻上並河靖之所製
作的〈七寶燒香爐〉及桌案，[3] 也才有了本文開頭所引，山口透
撰寫的文章。此時，這件七寶燒香爐不僅是單純的奉納品，更
昇華為紀念日本戰勝俄羅斯，以及兒玉源太郎自身功績的紀念
物，別具意義。

　　並河因應奉納臺灣神社的需求製作〈七寶燒香爐〉時，除
了鳳紋之外，還加入象徵日本皇室的十六葉菊花紋，與位於花
卉紋中央，臺灣總督府使用的台字紋。此設計乍看之下呼應了
臺灣神社的「紋章」，但實際上卻有些許不同。

　　臺灣神社紋章歷經三種版本，首先是 1901 年神社尚未建
成制定的十四瓣菊花台字紋，由於被認為與皇室紋飾太過相
近，立刻進行修改，擴大了台字紋，也就是第二版。[4] 之後在
1924 年時，又再次修改成與第一版極為相似的十六瓣菊花台
字紋。按理說並河靖之受託製作香爐時，臺灣神社紋章還是第
二版的樣式，但這件七寶燒香爐製成後所見器身的紋章與官方
頒布的都不同。或許並河靖之並沒有查明臺灣神社紋章的樣
式？又或許並河打從一開始就不打算依循臺灣神社的紋章樣

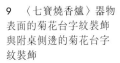

8 〈七寶燒香爐〉桌子
的桌腳與立水

作者拍攝於2023年9月

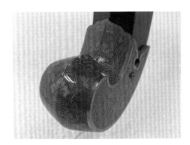

9 〈七寶燒香爐〉器物
表面的菊花台字紋裝飾
與附桌側邊的菊花台字
紋裝飾

作者拍攝於2023年9月

式，而是透過十六瓣皇室紋章表現北白川宮能久親王的皇族身分；而被包覆在皇室紋章中的台字紋，便是日本殖民統治臺灣的隱喻。雖說真相還有待查證，但觀察並河作品上的紋章，可以看到藝術家加入了個人小巧思，顯示對此紋章的重視態度：平面化的紋章結合花卉枝條，並用菊葉稍加遮擋紋章，表現出類似折枝花卉畫或真實花卉的樣態。

除此之外，木桌本身也是並河靖之精心製作下的成果，在桌面四角與桌腳處，有七寶燒包覆金屬邊條製的構造，桌板下立水處，是與香爐成對的十六瓣菊花台字紋，搭配大量的菱形十六瓣菊花紋為背景。桌腳上半部，製作成類似茛苕葉的造型，常見於歐洲建築的柱頭或家具裝飾上，結合 S 字的桌腳造型，隱約有歐洲洛可可（Rococo）的要素。這張木桌整體可說是日本近代工藝與西洋家具的結合，再搭配古典精緻的香爐與日本皇室的紋章，的確是為了奉納臺灣神社而費時構思、訂做的工藝品。

10 並河靖之 〈鳳凰
瑞雲菊青海波文香爐〉
並河靖之七寶紀念館藏

11 並河靖之 七寶燒
香爐 馬克斯・帕勒夫
斯基舊藏 美國洛杉磯
郡立美術館藏

結語

　　詳細解讀並河靖之〈七寶燒香爐〉背後的創作動機、脈絡，以及紋飾上的細節，可以理解山口透所説「其設計精巧，製作優美，金紋也不過分誇張，反而更顯高雅」是為何意。內斂的色調與裝飾形象，與採用華麗且複雜的工藝技巧製成的桌子，形成對比與呼應感，確實符合神社的莊嚴氛圍。

　　有趣的是，這件香爐並非「獨一無二」，相似的香爐也出現在海外的公私立機構的收藏中。例如並河靖之七寶紀念館於2006年與2015年的特展中，曾展出一件與臺灣神社藏〈七寶燒香爐〉色彩相同的香爐，僅菊花樣式、細節略有不同。[5]另外，美國洛杉磯郡立美術館(Los Angeles County Museum of Art)也有一件相似的並河靖之香爐，紋飾從菊花紋改為日本皇室專屬的桐花紋。根據館方的典藏資料，這個香爐來自英特爾公司(Intel Corporation)聯合創始人與創投家馬克斯・帕勒夫斯基(Max Palevsky, 1924-2010)的收藏，帕勒夫斯基也是一位出名的藝術收藏家，以日本工藝、浮世繪的收藏著名，自1970年代起，他以拍賣會為中心逐漸完善他的日本美術收藏，後來部分捐給洛杉磯郡立美術館。[6]

　　並河靖之七寶紀念館與洛杉磯郡立美術館的七寶燒香爐，又是在什麼脈絡下被製作、流動到海外的呢？它們與臺灣神社的香爐有什麼關係？這些問題都無法在一時半刻內回答，然而種種背後可能展現的跨文化、跨地域議題，將臺灣與世界的距離拉近不少。早在一百年前，當並河靖之的作品在萬國博覽會上受到歐美人士的矚目，獻給臺灣神社的日本香爐成為中華民國博物館的藏品同時，便隱約昭示了近現代世界複雜、詭譎多變的時代性。

Chapter 3

從神話飛入歷史的神使烏鴉

長井一禾　〈八咫烏圖〉

1914–1922年間　立軸絹本水墨　131.0×42.0公分
臺灣神社舊藏　國立臺灣博物館藏

2016 年，當時的我就讀碩士班一年級，藉著課堂機會與其他同學，在蔡家丘教授、黃琪惠教授的帶領下，一起參訪國立臺灣博物館庫房。當時學界對臺博館庫房內的畫作了解不多，原因與臺博館長年被定位為自然科學博物館有關。

　　參訪前，我們透過臺博館的典藏資料庫，檢索想要申請調件研究的作品。以圖、畫、繪等關鍵字搜尋的過程中，我注意到了一幅被紀錄為「日載仁親王繪八咫烏圖」（以下簡稱〈八咫烏圖〉）的畫軸。畫作名稱讓人聯想到日本神話中的瑞鳥「八咫烏」，像這樣帶有濃厚日本神話色彩的作品，到底是怎麼跑到臺灣的博物館裡呢？

　　懷抱著疑問，我開始一連串的調查和研究。最後的成果，不僅有一部分參與了日後北師美術館「不朽的青春：臺灣美術再發現」的展覽，隨著我繼續研究發表成期刊論文，也將這個議題擴大成研究臺灣神社文物收藏，成為我的學位論文主題──直到現在，為了持續追索過去還未解決的問題，因此決定撰寫這本書。

　　可以說，一切都是從這幅畫開始的。

驗明作者

　　初次在庫房詳細檢視作品後，很快注意到寫在〈八咫烏圖〉中間下方的落款「一禾謹圖之」，與兩方篆書朱文印「大正御即位紀念」、「天覽」，還有收納作品的木箱外的標籤寫著「一禾八咫烏圖　賀來長官納」。這些細節資訊，是必須與作品近距離面對面接觸後，才可能有的發現。

　　2017 年，我將階段性的研究成果發表在研討會上，並寫成論文發表於《國立臺灣博物館學刊》。根據我調查的結果，這幅畫的作者並非博物館記錄的「載仁親王」，而是有著更複雜的身世與收藏背景。以上種種，成為我展開近代東亞美術史研究的契機。

　　針對落款、標籤以及圖像風格提供的線索進行研究，並翻閱文獻資料後，我最終確認作者是長井一禾（部分文獻寫成

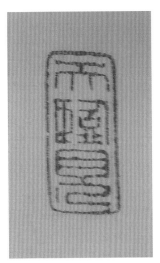

1 左 畫作下方的「一禾謹圖之」落款與「大正御即位紀念」用印

2 右 畫作右上方的「天覽」用印

3 收納畫作木箱上的墨書貼條

同音的「永井」一禾，1869-1940）。他是一位長年遊歷世界各地，並數次到訪過臺灣的日本畫家，如今已鮮為人知。長井一禾出生於新潟縣，前往東京以後，最初向日本畫家中野其明（1834-1892）、平福穗庵（1844-1890）、鈴木百年（1828-1891）與河鍋曉齋（1831-1889）等人拜師，之後進入岡倉天心所創立的日本美術院學習。

期間，一禾參與「巽畫會」、「美術研精會」等這些由年輕日本畫家組成的新興美術團體，從事美術活動。1900 年代，他在岡倉天心的老師費諾羅沙（Ernest Fenollosa, 1853-1908）的勸說下前往美國活動，一邊旅行，一邊辦展售畫。一禾曾在舊金山（當時日本稱之為桑港，San Francisco）住過一段時間，作品頗受美國白人社會的喜愛，甚至入選過萬國博覽會。

1906 年舊金山大地震，造成數千人喪命。一禾在這段時間成為當地日本難民的領導者，被稱作「日本村的村長」而受

到景仰。同一時間,他確立了以烏鴉為題材的創作方向,進而前往中國、朝鮮半島等地旅行,研究各地的烏鴉,被譽為「鴉畫之妙手」、「鴉之名人」,其筆下的烏鴉,甚至與竹內栖鳳(1864-1942)所畫的雀齊名。

根據《臺灣日日新報》報導,他在 1922 年造訪臺灣,停留在北投溫泉旅館賣畫,並且受到臺灣軍司令官福田雅太郎(1866-1932)的招待,分享自身對烏鴉生態、典故寓意的研究(圖4),大約在 4 月離開臺灣。沒多久,當時擔任總務長官的賀來佐賀太郎(1874-1949,也就是「賀來長官」)前往臺灣神社,奉納一禾所畫的〈八咫烏圖〉。

除了以上資料,有關長井一禾的紀錄並不多,首次翻閱史料整理出的成果相當有限,僅能掌握《臺灣日日新報》中的相關報導。也許現在透過維基百科(Wikipedia),能夠找到看似完整的長井一禾條目,但該條目不僅沒有紀錄長井一禾來到臺灣的詳情,也有許多缺漏。於是我嘗試運用圖像學(Iconology),解讀「八咫烏」這一傳統圖像在日本近代的意涵,試圖回答〈八咫烏圖〉被奉納臺灣神社的可能原因。

如果你熟知八咫烏的圖像意涵,會知道這隻日本神話的瑞鳥,具有天皇或神明(尤其是象徵太陽的天照大御神)嚮導的意涵。相傳日本古代神武天皇困於深山時,天照大御神派遣八咫烏自天而降,引領天皇脫離險境。也因此,他與中國神話中代表太陽圖像的「日中有三足烏」三足金烏時常被連結在一起。在日本熊野本宮大社等地,可見描繪三隻足部形象的八咫烏。

然而在〈八咫烏圖〉,長井一禾描繪的是八咫烏收起雙足,在空中飛行的圖像,沒有辦法表現三足特徵,要如何讓觀者接收到八咫烏的圖像意涵訊息呢?於是,畫家在八咫烏的周遭添加淡彩筆觸,表現太陽照射的效果。這種散發金光的神鳥圖像,除了呼應八咫烏與中國三足金烏的關聯以外,也對應日本神話中另一隻神鳥──「金鵄」。傳說中,神武天皇在某場戰役陷入僵局之際,金鵄自天上飛來,渾身散發金光,以耀目的光芒迷眩敵軍,使天皇成功取得勝利。

顯然,長井一禾在描繪散發金光的八咫烏時,結合了兩種

4 長井一禾來臺期間所畫的作品

取自〈來遊中畫家長井一禾氏作〉,《臺灣日日新報》,1922年2月12日第4版

在神話裡同樣有「協助天皇脫離險境的使者」典故的瑞鳥，將金鵄的形象與八咫烏加以疊合。如此一來，觀者無論從畫作中解讀到何種瑞鳥圖像，都能意會到同樣的圖像訊息。這並非空穴來風的猜測，例如日本在中日戰爭期間使用的「支那事變從軍記章」，便以背後有光芒線條的八咫烏為標章，顯示這兩種鳥類在當時確實有混同理解的現象發生。

　　讓我能夠進一步猜測長井一禾描繪此種複合瑞鳥圖像的原因，與畫作上的另外兩枚印章「大正御即位紀念」、「天覽」有關。根據《臺灣日日新報》報導，長井一禾曾有作品敬獻皇室，報導中也提到，1915 年大正天皇即位時，長井一禾曾獻納八咫烏的畫作。如今日本的皇居三之丸尚藏館（曾隸屬宮內廳，負責保存與展示日本皇室珍藏藝術品的機構，近期改由國立文化財機構管轄）確實收藏了一幅〈旭日之烏〉（圖 7），可證明此一事實。

　　考慮「大正御即位紀念」、「天覽」這兩枚印章，很可能是特別指涉大正天皇曾觀看過畫作的印記，於是我在 2017 年的研究中，將〈八咫烏圖〉與〈旭日之烏〉兩畫共同視為獻給天皇的作品，並推測〈八咫烏圖〉可能在 1922 年被賀來佐賀太郎從

宮中帶到臺灣，奉納臺灣神社。這個轉移的目的，最可能是借用八咫烏作為天皇嚮導的圖像典故，以迎接 1923 年的東宮裕仁太子來臺行啟。

這看起來是多麼完美合理的推理。殊不知，這樣的判斷可能太過武斷了。

新作品的出現

2018 年到 2020 年，我以〈八咫烏圖〉的研究為基礎，擴展到對臺灣神社美術收藏的整體觀照，撰寫碩士論文，也重新回頭檢視〈八咫烏圖〉的相關史料。本以為圍繞這件畫作收藏過程的研究，應該已經完成破解。直到有次在日本私人古美術畫廊中，竟然又看到另一件與〈八咫烏圖〉相似度極高的同構圖、同鈐印的作品。不僅如此，陸陸續續也出現了更多張同一畫家製作的同題材作品，我這才驚覺，當年的推論應該要被推翻了。

為什麼世界上會存在兩件以上的長井一禾〈八咫烏圖〉呢？按照常理，長井一禾應該不可能向皇室敬獻太多張一樣題材的〈八咫烏圖〉。坊間這麼多的〈八咫烏圖〉，難道是偽作嗎？不，考慮到長井一禾不是藝術市場上受到關注的畫家，民間特別針對他大量作偽機率很低。那麼，到底該怎麼看待這些長井一禾所繪製的「八咫烏圖像」的關係呢？

回頭檢視日本皇室收藏的〈旭日之烏〉，的確，雖說〈旭日之烏〉上沒有題寫確切的年代，但長井一禾描繪〈旭日之烏〉的運筆應是這群同題材作品中品質最好的，不僅比臺灣神社舊藏〈八咫烏圖〉的用筆更為俐落，表現出相當流暢而穩定的飛白漸層，以淡金色的筆觸清晰表現太陽的光芒線條，顯示出更加華麗的製作品質。此外，〈旭日之烏〉的紅色背景也值得注意，因為這直接對應了皇室即位時立於紫宸殿的八咫烏「錦旛」底色，清楚指涉作品與天皇即位一事的關聯。（圖 8）

重新整理、結合這些線索，三之丸尚藏館典藏的〈旭日之烏〉，才是《臺灣日日新報》所稱，1915 年大正天皇即位時長

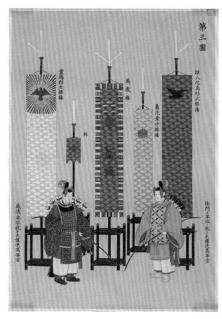

7　左　長井一禾　〈旭日之烏〉　1915年　立軸紙本設色　145.1×48.5公分　皇居三之丸尚藏館藏

8　右　昭和天皇即位禮時的儀式器具示意圖，最右為立於紫宸殿外的八咫烏錦旛
取自《昭和御大礼掛図　第三図》，日本宮內廳藏

井一禾獻上的八咫烏圖畫。而包含臺灣神社所收藏、以及甚至可能還有其他相似的〈八咫烏圖〉，則是伴隨〈旭日之烏〉受到天皇青睞，此後讓長井一禾引以為豪、樂此不疲描繪的畫家招牌之作。

　　於是，我在撰寫碩士論文時重新修訂看法，將〈八咫烏圖〉與私人收藏的相同圖像，共同視為畫家以〈旭日之烏〉為基礎繪製的其他版本。同時我猜測，長井一禾為了彰顯作品曾被大正天皇親覽的榮譽，才刻了「大正御即位紀念」與「天覽」兩個章，蓋在包括〈八咫烏圖〉在內的作品上（這也說明為什麼其他獻給大正天皇的皇室典藏品沒有這兩枚用印，因為並非官印）。對長井一禾而言，這麼做的話，既可以透過特製印章強調與彰顯自己畫技受到皇室認可，亦可藉此抬高作品的售價，身為一位以賣畫為生的藝術家，實屬合理舉措。

　　遺憾的是，直到我完成論文，還是沒有辦法掌握更多更關鍵的史料，充分解答長井一禾到底是在什麼樣的脈絡下創作出多幅〈八咫烏圖〉，以及確切掌握他的生平足跡。雖說藝術史的圖像分析某種程度上能夠提出合理的推論，但在沒有找到文字史料支撐的情況下，仍不免使人感到坐立不安。想想多少研究者窮盡一生也無法百分之百通透了解一個研究對象，對於這

位陪伴我大半研究生時光的日本畫家，要感嘆不夠了解他，其實也只是因為，那時我還在剛啟程的路上。

結語

畢業後的數年，我還是繼續尋找潛藏在各種史料檔案裡的長井一禾蹤跡。特別是為了撰寫這本書，更力求能為這起放在我心中近七年的〈八咫烏圖〉懸案劃下句點。

有一天，我在 Twitter 上偶然看到日本新潟縣阿賀野市設立的「吉田東伍記念博物館」社群帳號，這是為了紀念日本近代地理學先驅吉田東伍（1864-1918）所成立的地方博物館。2023 年 2 月，該館舉辦了企劃展「長井一禾與其子大有」，展出一禾與他的兒子長井大有（1900-1929）的相關史料與作品。

長井大有師事橋本關雪（1883-1945），他不同於遊走在野畫會，以賣畫、遊歷維生的父親，年輕的長井大有多次入選東京帝展，顯現非凡的創作才能與企圖心。同時，他與喜愛旅行的父親一樣，曾前往滿洲、朝鮮半島等地蒐羅創作題材，然而大有卻在 1929 年早逝。痛失愛子的長井一禾晚年遠離社會，過著如同隱遁禪僧的生活，於京都楞嚴寺繪製障壁畫，直到1940 年去世。

9　御即位紀念八咫烏會趣意書，吉田東伍記念博物館藏

在這檔介紹新潟鄉土藝術家的展覽中，展出了對我而言相當重要、具有重大突破意義的史料：「御即位紀念八咫烏會趣意書」。

這一份文件印有一幅與臺灣神社〈八咫烏圖〉相同的畫作（落款略有不同），並提到一禾為了紀念大正天皇的即位禮，成立了「八咫烏會」，販售自己繪製的八咫烏作品。

這筆史料解開了我所有的困惑，不僅完善當年令我惆悵的推論空缺，也解釋了一禾創作〈八咫烏圖〉的最初意圖。同時，趣意書中提到「八咫烏的御旗」，也指涉了前面所提到的錦旛，充分應證了我先前的合理推想，說明一禾的確有意識使用這一紫宸殿的裝飾旗旛，作為自己畫作的視覺要素。

那麼，對總務長官賀來佐賀太郎奉納〈八咫烏圖〉的推論，也得到支持。賀來在與長井一禾往來的過程中，肯定知道這幅畫的特殊意義，所以他從一禾手上得到（也可能是購買）這幅畫，奉納臺灣神社。當時，這位忙碌的官僚頻繁往返臺、日兩地，積極與皇室牽線，目的是促成擔任攝政王的東宮裕仁太子來臺行啟。他選在這時奉納一件描繪八咫烏（天皇的嚮導）的畫作給臺灣神社，且畫作猶如一禾向大正天皇獻上的〈旭日之烏〉的「分身」，原因不言自明：呼應圖像的神話典故，讓八咫烏成為攝政王的先行嚮導，祈禱行啟事成順利。

對我而言，這是歷時七年，追索八咫烏足跡的研究旅途，過程歷經數個意想不到的轉折。

雖說最終結果，證實臺灣神社舊藏的〈八咫烏圖〉，只是一件帶有紀念性的商業畫作，是賣畫維生的畫家為了宣揚自己的榮譽，而大量繪製的無數作品的其中一幅，但卻也可能是當中最特別的一件——它被官員仲介者寄予了神道信仰與政治期待，用來連結臺灣神社與日本皇室的關係。

日本神道教的神鳥，隨著畫作來到臺灣，收入神社。原本只存在於日本神話中的飄渺圖像，在此分身之中，被賦予了跨越地域和文化、希望聯繫現實社會的意義——為了一個人們當下意識到的重要歷史時刻。

Chapter 4

神社裡的文人聚會

須賀蓬城　〈劍潭山圖〉

1920年　立軸紙本水墨　220.0×73.0公分
臺灣神社舊藏　國立臺灣博物館藏

1918年，39歲的陳獨秀（1879-1942）此時正滿腔熱血，在一手創辦的《新青年》雜誌上振筆疾書。作為中國新文化運動的開創者之一，他從民主（德先生）和科學（賽先生）的角度，批判中國傳統文化的陳腐與過時，並認為中國繪畫急需改革。「若想把中國畫改良，首先要革王畫的命。」在這段著名的宣言中，陳獨秀否定在畫史上佔有一席之地的「清初四王」，也就是清代畫家王時敏（1592-1680）、王鑑（1598-1677）、王原祁（1642-1715）、王翬（1632-1717），尤其是以摹古聞名，被譽為「集大成」的王翬，更是「中國惡畫的總結束」。[1]

　　陳獨秀為什麼這麼厭惡四王呢？包含他在內，許多新文化運動期間的中國新知識分子，因為對中國存亡有著深刻的焦慮與危機意識，紛紛主張西化。並且批評以清初四王為首，重視臨摹與傳統延續性風格的正統派畫風，認為那是阻礙中國改革的毒瘤。

　　但與此同時，一位曾在臺灣生活的日本畫家須賀蓬城（1874-?），卻選擇深入研究、學習中國清初四王的畫風，並將四王畫風的作品獻給臺灣神社，以表達自己對日本的國家認同與宗教信仰。

　　同一時代，一岸之隔，基於各自國族的認同，卻出現迥異的觀點。當我們讀到中國五四運動、新文化運動，是否曾想到那些不同地域的異音、逆流？對須賀蓬城而言，清初四王意味著什麼？他是如何掌握這些數百年前中國畫家的畫風，又為什麼要以這樣風格的山水畫奉納神社？

流寓臺灣的日本書畫家與漢詩人

　　須賀蓬城本名金之助，他出身士族家庭（江戶時代武士階級中的上級武士，在明治時代後被剝奪特權的身分）出身，原籍在京都中心的上京區。年少時金之助分別拜入不同名師底下，學習日本畫、書法、篆刻、水墨、漢詩（舊體詩），甚至是西洋繪畫，但從他日後的選擇來看，他鍾愛的應是書法、水墨、漢詩與篆刻，也就是源自於中國的藝術傳統。[2]

1　須賀蓬城為以臺灣地圖為輪廓手繪而成的閑章，篆書「高砂文雅集」該文集是日治初期大型的書畫收藏合集，體現當時臺日藝術家、收藏家的成就

自室町時代以來，京都便有渡來的中國書畫流通，無論是足利幕府引以為傲的「東山御物」，或是江戶時代以黃檗宗為中心引進的書畫，都顯示京都一地確實具備中國書畫的鑑賞文化傳統。既然有這麼好的文化資源，須賀蓬城為什麼要離開京都，前往殖民地臺灣謀生呢？

　　從大時代的脈絡來考慮，有學者指出，明治維新期間，受到西化影響，認定中國文化有礙日本的現代化，再加上國家神道——崇敬天皇、基於國家主義而創造的國教，降低了中國文化在日本的聲望，因而導致漢學、書畫面臨衰退。[3] 或許就是在這樣的時代背景下，促使傾心中國文化的須賀蓬城離開了關西，前往原本屬於清帝國統治的臺灣。

　　在日本一度被排斥的漢文專長，來到臺灣卻為總督府所重視。歷史課本告訴我們，總督府善用漢文，視之為攏絡、溝通臺灣仕紳階級的重要媒介。來臺後須賀蓬城先是擔任郵便局書記官，之後進入學校教授習字，一展長才。

　　矛盾的是，在日本被國家神道所排斥的中國傳統文化，在臺灣卻成為向當地民眾有效傳播國家神道的媒介。前幾章多次提到的臺灣神社宮司山口透，更是一位優秀的漢詩人，他時常在報紙上以文言文向讀者介紹神道與神社參拜文化。山口透的漢文背景分別來自兩個知識脈絡：日本江戶時代以來的儒學傳統（他曾師事多位儒學者），以及學習神道文化的過程中不可避免地接觸漢文（許多日本古代的文獻都是漢文書寫）。

　　包含山口透與須賀蓬城在內，這些有著漢詩文素養的日本文人，時常聚在一起，效仿中國古代蘭亭、赤壁等文人故事，結伴遊歷、吟詩作畫，或是成立詩社雅集，彼此唱和。以山口透為中心，他們在劍潭山臺灣神社對岸的劍潭俱樂部成立了「淡社」，吟詠漢詩。

　　淡社成員有時在基隆河、新店溪泛舟，或是走訪古剎舊宅，尋找清代文人留下的書跡。大多時候，他們會聚集在俱樂部或山口透位於神社旁的宮司宿舍，吟詩作樂、探討書畫，此時劍潭山成為日本漢詩人共享文化記憶的場所，是這群遷居異鄉、流落殖民地的日本文人，彼此聊以慰藉的空間。

或因如此，當 1918 年須賀蓬城因病辭官，回到關西定居
之後，他仍對劍潭山念念不忘。於是在 1920 年，他自日本寄
畫，奉納臺灣神社。這幅畫作採用了中國水墨畫的形式描繪劍
潭山，並寫有漢詩一首：

朔雪復瘴雨，荐勞皇冑班。靈祠神在處，萬古劍潭山

詩中「皇冑」、「靈祠」，對應的是祭祀北白川宮能久親王
的臺灣神社，兼具歌頌神社、並以漢詩紀念過往在劍潭山吟詩
結社的情誼。[4]

然而這只是一幅單純歌功頌德，或是懷念臺灣生活的書畫
嗎？若是熟悉劍潭山的山勢，必然會產生一個疑問：畫中高聳、
細長的山勢一點都不像劍潭山。那麼畫家又為何要如此描繪他
多次到訪，具有深刻意義的山呢？線索或許就在本章開頭所提
到的「清初四王」。

清初四王：正統派山水在日本、臺灣

解讀〈劍潭山圖〉背後隱藏意象的線索，是須賀蓬城離職
前撰寫的一份履歷：「漢畫涉獵明、清諸位大家作品，其中對
王石谷的研究最深。」[5]

這裡提到的王石谷便是王翬，是中國藝術史中著名的「清
初四王」之一，他在畫史上素有「集大成」之譽，也就是指王翬

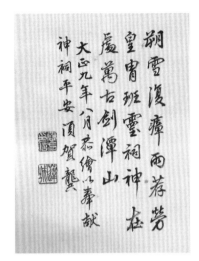

3　左　〈劍潭山圖〉落款

4　右　臺灣日日新報刊
載須賀蓬城〈劍潭山圖〉
照片

取自〈京都の畫家須賀蓬城氏が 臺灣神
社に獻納したる水墨山水畫〉,《臺灣日
日新報》,1920 年 8 月 15 日第 7 版

藉由臨摹古畫,兼習宋、元、明等歷代名家的風格,而這位正是本文開頭陳獨秀所痛批的「中國惡畫的總結束」的代表。

　　然而,正如同四王風格在當時的中國,並不全然只有批評,精通漢學的京都帝國大學教授內藤湖南在 1915 年宣稱:「清朝大家推四王吳惲,舉世無異辭,一代風氣儘自此開。」[6] 須賀蓬城返日後定居京都,與其他京都帝國大學的漢學者高瀨武次郎(1868-1950)、鈴木虎雄(1878-1963)等有來往,很可能也共享對清初四王的評價與理解。[7] 不過推敲蓬城學習四王畫風的理由,或許要先從江戶時代日本對中國書畫的理解談起。

　　日本在江戶時代採取鎖國政策,僅有長崎港有限度的對外開放。由僧侶或是商人帶到長崎的中國書畫,往往有中國沿海的地域性風格,而來到長崎活動的中國畫家,亦非我們熟知的大師名家,他們的畫風如今看來,可以說是「沒那麼正統」的中國藝術史作品。例如往返寧波與長崎兩座港口的清帝國船商伊孚九(1698-1774),並非專業畫家,在中國繪畫史內亦默默

5　伊孚九　〈離合山水
圖〉三幅　私人收藏
這件作品曾在1939年之
時，於恩賜京都博物館
「長崎派寫生．南宗畫展
覽會」中展出

取自恩賜京都博物館編，《長崎派寫
生．南宗名畫選》，京都：便利堂，
1939，圖75

無名，但他的作品卻在日本大受歡迎，著名日本書畫家池大雅
（1723-1776）曾私淑於他。伊孚九〈離合山水圖〉（圖5）的構
圖容易讓人聯想到黃公望（1269-1354）的〈富春山居圖〉，以
及來自清初四王的影響，但相對平整的用筆，以及對緩坡山勢
的改造（尤其是右幅山上添加的平臺），體現出與黃公望不同
的傾向。他的風格被京都學派的內藤湖南（1866-1934）評價「鬆
散隨意」或「不落俗套不拘一格」，與江戶時代日本狩野派的畫
風相差甚遠。[8]

　　日本畫家在與伊孚九等來自清帝國的業餘畫家往來的過程
中受到影響，並根據各自興趣進行取捨、轉化。曾私淑伊孚九
的野呂介石多次描繪故鄉和歌山那智瀑布的風景，他在〈那智
群山圖〉（圖6）的落款中寫下「傲大癡道人（即黃公望）天池石
壁圖」。野呂介石使用中國山水畫的形式詮釋那智瀑布意象，
可以說是中國山水畫在日本的某種在地化，與數百年後須賀蓬
城描繪劍潭山的想法如出一轍。[9]

　　有趣的是，黃公望〈天池石壁圖〉歷代有多個版本流傳，
如臺北故宮有一件中國明末的摹本（圖7）。野呂介石自然不太
可能親睹故宮收藏，而是藉由流傳到日本，真偽難辨的「黃公
望」山水畫。雖說他的作品仍保留一些屬於標準「黃公望」作品
的圖像特徵，例如自遠而近、層巒疊嶂的山石，以及沿著河水

建築的村舍等等，但不僅構圖相去甚遠，甚至出現清初四王常用的密集礬頭皴，以此構成的「黃公望」風格，與我們如今熟知的面貌不盡相同。

　　簡單回顧之後，我們可以注意到，日本江戶時代的日本書畫家，由於鎖國的緣故，只得透過間接途徑，建構對於中國畫史的認識，以致形成相異而片面的理解。到了須賀蓬城生活的日本明治、大正時代，此認識逐漸被打破，隨著中國晚清、民初政治社會的動盪，大量書畫流入日本的藝術市場，日本看到許多有別於過往地域性風格的中國書畫，得以形塑出不同以往的中國畫史認知，因此也就有前述內藤湖南所說的：「清朝大家推四王吳惲。」[10]推崇被視為清初畫壇正統派的四王。

　　回頭來看須賀蓬城〈劍潭山圖〉，的確符合須賀蓬城的自述，構圖上帶有清初四王的風格，例如山巒自遠而近的連續走勢、山水布局的分配，甚至是細密解索皴勾勒山石層次，大抵能在當時流傳於日本的王翬作品中，找到類似的風格。（圖8）

　　你或許會好奇，當時流傳在日本的四王畫作就一定是真跡嗎？若不是，要如何確定須賀蓬城所學習的四王畫風是真的

8　王翬　〈山水圖〉
早崎梗吉藏

取自東京帝室博物館編，《南宗画
集》，東京：西東書房，1917，圖25

呢？其實與其釐清真偽，不如細緻地比對當時流傳於日本託名四王的作品如何反映出共同的風格，以及當時是如何形塑出須賀蓬城對於四王風格的理解，才是關鍵。

　　不過，〈劍潭山圖〉不僅只是對四王風格的學習之作，須賀蓬城在畫中運用較強烈的明暗對比，加重了山勢的立體感。畫中密集且富含水份的披麻皴、山頂上大量的植被墨點，以及煙雨朦朧縈繞在山腰間的霧氣等，彷彿欲藉由原本山水畫中常見描繪江南煙雨的氣氛，凸顯南國山林氤氳的獨特樣貌。這些可視為蓬城在四王風格之上，以劍潭山為題材作畫時，憑藉對風土的記憶（畢竟當時他已經不在臺灣了）增加的特殊描寫。

　　除此之外，蓬城似乎以水岸、拱橋、村舍等常見圖像，暗示劍潭周圍的景物。畫面右側山坡後方的房舍，屋頂有突起的木條，則讓人聯想到神社屋頂的千木，比對落款的「靈祠神在處」，或許那就是臺灣神社（圖9）。總之，蓬城結合對實景記憶，與四王山水的固定樣式，構築他心中虛、實交錯的劍潭山意象——過去與其他日籍漢詩人詩畫交流的美好記憶。[11]

9 須賀蓬城 〈劍潭山圖〉局部

結語

回到日本後，須賀蓬城偶爾寄送書畫、詩詞到臺灣的報紙發表，並與其他返日定居的日籍漢詩人交流、維繫情誼。不少受蓬城指導過的臺灣文人，如魏清德（1887-1964）、王少濤（1883-1948）等，皆尊稱他為恩師。書法家曹秋圃（1895-1993）赴日遊歷時，也曾前往京都拜訪，可見蓬城在臺灣傳統書畫圈的地位。[12] 另一方面，住了十幾年的臺灣，也在老畫家的心中抱有重要地位，他與京都書畫圈的友人來往時，將在臺灣的詩社經驗複製過去。就連擅長書法，擔任滿洲國國務總理的鄭孝胥（1860-1938），也在日記中提到與蓬城交流的內容。[13]

須賀蓬城選擇以清初四王正統派風格描繪臺灣的劍潭山與神社聚會的記憶，是難得的案例。而在相差不遠時期的臺灣傳統文人作品中，也可以見到四王正統派的山水畫風格，正以不同形式的複製圖像潛伏流通。例如 1929 年，鹿港文人洪璽嘉被收錄在《現代臺灣書畫大觀》的山水畫（圖 10）。書中介紹洪璽嘉「山水傲耕煙」，耕煙，即「耕煙散人」王翬。在這幅作品中，即使不完全相像，甚至帶有多種風格的影子，但特別將之連結到王翬，意味著對這位清初大師風格的認同。在那個時期，不

10 洪璽嘉 〈山水〉
1929年

取自黃瀛豹，《現代臺灣書畫大觀》，新
竹：現代臺灣書畫大觀刊行會，1930

只關注引進現代美術的新技術，還存在著一群臺灣傳統文人對
清初四王是認同的。「山水傲耕煙」不僅意味著畫家或出版者
對王翬擅長於山水畫的畫史理解，同時也蘊含橫跨數百年，畫
家對古老藝術典範的某種追求。

　　最後，我們如何評價清初四王畫風出現在臺灣的歷史意
義？過去對臺灣水墨畫的理解，主要以「閩習」為主，也就是
福建地區畫家帶來的狂放不羈畫風，而透過須賀蓬城來自日本
的四王風格淵源，以及延伸觀察到的臺灣傳統文人對四王的想
像，會增添更多我們對於與臺灣相關繪畫樣式的多元認識。近
年學界的研究也陸續指出，日治初期由日本畫家帶來的水墨畫
風格，同樣影響了臺灣美術史的發展。[14]

　　二十世紀初期，須賀蓬城推崇的清初四王，歷經了極端再
評價的過程，對批判四王的人而言，四王代表中國文化守舊、
停滯、缺乏創造性的面向，既是中國現代化時意圖捨棄的要

11　須賀蓬城　〈淡水風景〉　1916年　手卷紙本水墨　郭双富收藏

素，對日本而言亦是自「國畫＝日本」畫中排除掉的他者。縱使是在日本大正時期迎來復興的南畫，也改以追求個人性、不受規則限制的石濤(1642-1707)、八大山人(1626-1705)為典範，他們更符合當時日本南畫對「現代性」、「表現主義」的追求。實際上，須賀蓬城當然也能描繪像這樣揉合西方透視與飄逸畫風的南畫(圖11)，只是他並未選擇此畫風作為奉納臺灣神社的藝術語言。

　　總之，須賀蓬城的案例之所以如此特別，無論是他與淡社的交誼，或是對臺灣神社的信仰、認同與奉納，都與日本漢學興趣形成的網絡有關，可說具有十分特殊的多重文化特徵；並且，當這些經歷進一步交織進須賀蓬城的選擇——當時也在東亞世界發生新舊認同衝擊的四王畫風中，便能更加體會到，一件藝術品如何誕生自比我們想像得還要虯結、複雜、立體又特定交集出的脈絡。而這樣的作品，得以留在臺灣，保存迄今，不僅豐富我們對日治時期臺灣水墨畫發展的認識，放眼整個東亞文化的視角，也體現了獨特性。

Chapter 5

畫朝鮮的山，畫臺灣的山

那須雅城 〈從燕指峰望向白頭峰〉

約1926年 立軸紙本設色 55.5×84.0公分
臺灣神社舊藏 國立臺灣博物館藏

第一眼看到這幅〈從燕指峰望向白頭峰〉，以及看到畫作的名字，你或許會感到困惑：燕指峰與白頭峰在哪裡？是畫臺灣的山岳嗎？如果是奉納到神社裡的作品，那會不會跟野村文舉〈富士山圖〉一樣，也是在畫日本的山呢？

然而，當你打開手機，Google上述的山岳名字，你可能一時找不到燕指峰，但會發現白頭峰是位於中國東北與北韓邊界的山岳名稱，而且她還有一個更響亮的名字：長白山——既是大清帝國的滿洲統治者視為發源的聖山、也是北韓前領導人金正日的出生地，白頭神話的起源所在。

於是更多的困惑油然升起，大清與後來北韓政權的聖山，為何會出現在奉納給臺灣神社的畫裡呢？追究原因，我們要從這位日本畫家——那須雅城說起。

漫遊國境的畫家

1928年，那須雅城來到臺灣舉辦畫展，當時的報紙稱他是「臺灣的古馴染（老友）」，因為這並不是他首次到訪臺灣。他上一次訪臺，是在十幾年前，那時他使用的名字是「那須豐慶」。或許你會對這個名字有點印象，因為他曾經替著名的〈鄭成功畫像〉製作過摹本，而這件作品現在就典藏於最近新開館的臺南市立博物館。

從豐慶到雅城，這位畫家以不同的名字長年在東亞各地旅行。他的足跡與影響力很可能遠超過現在我們僅知的少許史料，並且，他為臺灣神社奉納了多達四件作品，可說是當時以自己的創作奉納臺灣神社的藝術家之中，作品數量最多的畫家。所以請容我先慎重介紹一下這位有點特別的畫家，以下是關於他的生平重點介紹。

根據他出身的故鄉相關史料，那須雅城（以下簡稱為那須）出生於日本香川縣高松旅籠町。[1]「旅籠」是江戶時代在驛路旁設立的旅館，旅籠町的出現，與當時作為石清尾八幡宮（位於日本高松市的神社）的參拜道路有關，可以說城鎮聚落的形成與神社的關係十分緊密。往返於驛路的參詣者，或許便是那須

年幼時最熟悉的風景。

與此同時，那須雅城的家族世代擔任「神主」（管理神社者），雖然不清楚是哪間神社，但父親那須賢直（1826-1896）不僅對國學（關於日本神道、文學的學問）有所涉略，也是一位在地畫家，曾向香川的金刀比羅宮奉納畫作〈皇朝七福神圖〉。[2] 這座名聞遐邇的神社，祭祀著水神「大物主命」庇佑人們在海上旅途的安全。或許正是金刀比羅宮的庇佑，那須雅城往後才能成為以旅行維生，橫越歐亞大陸的壯遊藝術家。

1900 年左右，那須雅城離開故鄉高松，來到首都東京，師事橋本雅邦（1835-1903）。[3] 當時他尚以豐慶為名，活躍於雅邦門下的二葉會、美術研精會等美術團體。1910 年代，他與同門的其他畫家一樣，效仿古代書畫家載筆旅行的傳統，前往中國旅行寫生。那須曾和建築史學家伊東忠太（1867-1954）同遊崖山，探索中國南宋的建築遺址；也因為跑到英國駐香港的軍事基地寫生，被懷疑為間諜，遭到拘禁，之後才被確認是誤會一場。[4]

旅途不見得一帆風順，但幸運的是，那須在臺灣進入以石川欽一郎（1871-1945）為中心的藝文圈，並受到總督佐久間左馬太（1844-1915）與臺灣神社宮司山口透的青睞。他將個展中受到關注的作品〈酒磨圖〉（圖 2）奉納神社，這是一件以日本奈良時代的傳說人物川部酒麻呂為題材的作品，畫上描繪他在遣唐使的船上遭遇火災，於危機之下奮力操舵，並將火撲滅的瞬間場景。他以類似西洋油畫的筆觸表現人物的立體感，體現橋本雅邦一派結合日本傳統繪畫與西洋技法，創造近代日本畫的革新性。

同一時期，那須也為來自鄭家祖祠的〈鄭成功畫像〉繪製了兩幅摹本，其中一幅被收藏在開山神社內。關於〈鄭成功畫像〉，被臨摹的原作，曾經成為臺灣神社的重要收藏，並且經歷了極為特殊而令人難以想像的流轉歷程，但在此先請讀者稍安勿躁，本書最後一章，將會另有完整而充分的說明。

放眼近代東亞中的畫家／美術家創作活動，那須雅城與海內外神社的互動關係頻繁，可說是十分特殊的案例。根據史

1　橋本雅邦　〈郊野觀美〉　1906年　立軸絹本設色　133.0×50.0公分　臺灣神社舊藏（1904年由兒玉源太郎奉納）　國立臺灣博物館藏

料，1920年代，那須前往受日本統治的朝鮮半島，隨即向朝鮮神宮奉納〈嵐山〉等作品。朝鮮神宮於1925年竣工，與臺灣神社同社格，是接受皇室供奉的官幣大社。1927年，那須遊歷朝鮮半島北部的金剛山後，向朝鮮神宮奉納巨幅的〈金剛山〉畫作。他也因為此番敬神行為，獲頒一份來自朝鮮神宮的敬神功勞感謝狀。[5]

　　他就像是古代的僧人或修行者，以山岳和神社為目的地，進行巡禮，並且跟隨政府的軍隊前往人跡罕至的高山探險。1926年，那須在朝鮮總督府的駐軍護送下前往長白山，途中有報紙記者隨軍報導，他也在報上連載沿途寫生的風景。

　　離開長白山以後，那須定居京城（今南韓首爾），一方面著手舉辦個展，展出寫生成果，另一方面也以〈國境〉為名的二連作，入選朝鮮美術展覽會。長白山地處朝鮮半島與中國東北交界，可說是天然險要的「國境」。在那須以白頭山（即長白山）為主題的個展照片中，可以看到〈國境〉被展出，也就是說，所謂「國境」指的是長白山，由此可見國家主義與藝術創作、旅行探險，在這位畫家的筆下交織出深刻的關聯性。[6]

　　回到本章開頭所提及的來臺時間點，1928年，那須雅城途經中國遼東半島的大連港，重返闊別多年的臺灣，並舉辦遼東半島與朝鮮半島寫生的個展。很可能在同一時間，這幅〈從

4　左　那須雅城 〈國境（其一）〉

取自朝鮮總督府美術展覽會編，《朝鮮美術展覽會圖錄第六回》，京城：同編者，1927，頁16

5　右上　《京城日報》報導那須雅城於報社舉辦長白山紀念展

取自《京城日報》，1926年12月11日第5版

6　右下　〈從燕指峰望向白頭峰〉與〈八咫烏圖〉木匣上的標籤

作者拍攝於2023年8月29日

燕指峰望向白頭峰〉被奉納到臺灣神社內。雖然當時報紙或《臺灣神社誌》上並沒有相關紀錄，但從現存的〈從燕指峰望向白頭峰〉木匣上，可以看到與長井一禾〈八咫烏圖〉有著相同樣式的標籤，說明這件作品的確為臺灣神社所收藏，應是那須在展覽過後奉納到臺灣神社。

　　另外，除了〈從燕指峰望向白頭峰〉，那須雅城同時也向臺灣神社奉納了〈高御座之圖〉（圖7）。這件作品結合西洋美術的單點透視、大量的金泥顏料，營造精緻細膩且壯觀華麗的構圖風格。可以看到身穿御袍的昭和天皇，坐在紫宸殿的高御座上，御座上，依循古禮登基的莊嚴場景。

跨越時代的國境

　　對那須而言，山岳畫與〈高御座之圖〉或〈酒麿圖〉這類歷史畫一樣，乘載著畫家本人的信仰與國家意識。1930年，他第四度向臺灣神社奉納畫作，也就是現藏於臺博館相當有名的〈新高山之圖〉（圖8），這件畫作是他現存奉納作品中尺寸最

7　那須雅城　〈高御座
之圖〉　1928年　立軸
絹本設色　146.0×51.0
公分　臺灣神社舊藏
國立臺灣博物館藏

8 那須雅城 〈新高山
之圖〉 1930年 立軸
紙本彩墨 183.5×84.0
公分 臺灣神社舊藏
國立臺灣博物館藏

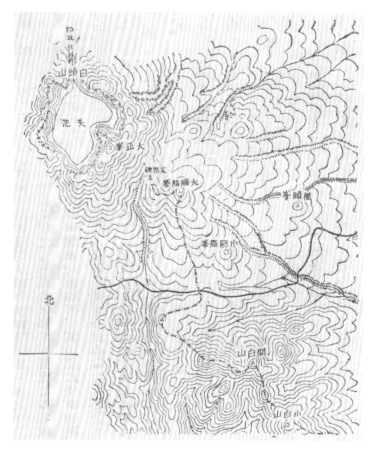

9 主峰、大臙脂峰與定界碑的相對位置（地圖左上角）

取自松田甲，《日鮮史話》，京城：朝鮮總督府，1927，第二編再版，頁127

大的山岳畫。根據研究，那須描繪的是新高山（玉山）東峰，運用大量的金、銀顏料表現山壁在光線照射下的變化，塑造出神聖莊嚴的氣氛。

相較之下，〈從燕指峰望向白頭峰〉的尺寸較小，且畫面較為淡雅，可能是因為描繪北方雪地的緣故，減少了金銀顏料與濃密皴法，改以白色與藍色表現雪地的反光，再搭配細枝狀的墨線，勾勒出被白雪覆蓋的山巒起伏變化。或許〈從燕指峰望向白頭峰〉在畫面的豐富度與壯觀程度，不如〈新高山之圖〉有堂堂主山的震撼，但這幅畫卻蘊藏著重要的歷史訊息。

首先，燕指峰是長白山「大臙脂峰」的別名之一，高度2,360公尺；而白頭峰則是長白山主峰，是一座休眠的活火山，有多座小山峰圍繞著火山口，其中最高的山峰是位於朝鮮半島一側的將軍峰（在日本統治時期被稱作大正峰）。從作品名稱可知，

那須當時是從大臙脂峰的位置，望向長白山主峰而畫；他的所在位置，從地圖（圖9）示意的等高線密度分布來看，也是相對比較不那麼劇烈陡峭的一側。從大臙脂峰的視角遙望而去的長白山主峰，是巨大且綿延鋪開的山勢，正是〈從燕指峰望向白頭峰〉畫面右側遠景宏大的山巒。

像這種強調由某處望向某處的構圖，曾出現在日本江戶時代的浮世繪，用來刻畫針對同一個景點（例如富士山）在不同地方觀看後的景色差異。日治時期的臺灣，隨著阿里山登山交通的改進，也出現從祝山望向新高山觀看日出的經典構圖。然而，長白山在當時可說是人跡罕至的異地深山，不像富士山已被形塑出豐富的觀看「方式」，描繪長白山，對那須雅城來說也並沒有可以強烈影響他的藝術史上的傳統，是全新、可以自由表現的畫題。既然如此，那須為什麼選擇描繪像這樣涵納了廣袤而連綿雪地山脈的視角，且不僅在作品名稱中刻意強調觀看的空間特性，還將這幅畫作獻給了臺灣神社？

原來，長白山主峰在當時（1928 年）不但是日本統治下朝鮮半島與中國東北的重要國境分界線，在大臙脂峰與主峰間，還存在著一塊 1712 年清帝國與朝鮮王朝設立的國土邊境界碑（圖10）。這座小定界碑並沒有出現在〈從燕指峰望向白頭峰〉畫面內，從構圖來看，很可能被左側的山勢擋住，不過從那須雅城刻意在名稱上強調地點，以及在構圖時將兩山分別放於畫面左側與右上角，把畫面空間留給兩山之間的緩下坡與雪地平野，可以說這片定界碑所在的雪白大地，才是那須所要表現的，直到長白山主峰的盡頭前，那廣袤、悠遠延伸的「國境」。

那須雅城這幅直接以畫面空間表現「國境」意象的〈從燕指峰望向白頭峰〉，同時兼具了山岳畫的意涵。如同明治天皇親自挑選命名的新高山一樣，冠名「大正峰」的長白山，無疑也具有表現國家意識的含意。但是對那須而言，畫裡遼闊綿延的雪地，同時也是他歷經探險親自抵達的風景，流露出的身體勞動，透過畫面得以傳遞出來。藉由奉納臺灣神社，不僅傳遞愛國精神，同時也是對一次冒險旅途的重要紀念。

結語

　　這位漫遊各地，創作許多山岳畫的日本畫家，本身也是一
位登山者，曾加入日治時期臺灣最重要的登山組織臺灣山岳
會，參與登山活動。對他而言，登山是交織著藝術、休閒與愛
國精神的行為，這使得他筆下的山岳畫不僅具有寫實精神，還
帶有讚頌國家的意圖，是他踏遍國土，表現對國家自豪感的媒
介。然而更重要的是，透過奉納神社這一舉動，山岳畫就如同
歷史畫一般，彰顯了畫家對神道的政教合一背景的信仰觀點。
在歷史、國家與神話難以分割的國家神道體制下，呈現那須雅
城個人，乃至時代的多重疊影。

對於旅行與繪畫，那須曾說過：

集中心力畫出真秀之國的生命讓國人驚嘆，月夜鳥
鳴的時候踏上旅路。

所謂「真秀之國」，出自《古事記》裡，日本神話時代的英雄「日
本武尊」所吟唱的望鄉歌，後來既代指理想鄉，同時也指稱日
本的本身。相傳日本武尊死後，化成了白鳥，飛抵之處，便是
那須的故鄉，香川。而自古以來，香川的白鳥神社便祭祀著這
位神明。

那須雅城自比離鄉遠行、帶有悲劇色彩的日本武尊，在他
的旅行與創作中，對古代的想像與對照，一直縈繞在他的心
中。他不僅以日本歷史人物的歷史畫奉納神社，也把對神話的
想像，代入自己踏遍帝國境內山岳的旅程中。

在那之後，那須雅城離開臺灣，接連在香港、新加坡等地
舉辦個展。此時，他的旅途已然超越了真秀之國／日本，最後，
他抵達了年少時夢想的法國巴黎。

那須雅城的作品在巴黎與倫敦的畫廊展出，並與當地的日
本人社群往來。同時，他每年都會寄送以阿爾卑斯山為主題的
作品到臺灣，年年入選臺展。然而，隨著第二次世界大戰到來，
歐陸戰火燃起，有關那須雅城的足跡，也就此中斷。

歷經大清帝國與朝鮮王朝、日本帝國與中華民國，白雪皚
皚的長白山歷經多次的國境定義變動，如今又繼續有了全新的
詮釋：北韓抗日的「革命聖山」，金氏家族起源的象徵。

按照北韓官方的說法，1942 年第二次世界大戰的中日戰
爭期間，金正日出生於長白山的密營之中。在北韓的刻意經營
下，長白山逐漸成為北韓國體的象徵。於是，隨著漸漸理解疊
合在山岳上的不同國族意涵的彼此消長、取代，如今我們凝視
〈從燕指峰望向白頭峰〉那綿延的雪地，早已不是日治時期觀
眾眼中的「國土」，而是如同綿延山勢下隱藏的陡峻深厚、複
雜的歷史面貌。

Chapter 6

從神社噴水龍
到飯店金龍的謎團

圓山大飯店百年金龍噴泉　　　　　日治時期寫真帖中的青銅製登龍噴水器

經過蜿蜒且漫長的車道，終於抵達圓山大飯店的門口。行過大廳，走上寬敞的階梯，兩側壁面懸掛著多件巨幅中國書畫複製品。經由紅色地毯、金黃燈光構築而成的中式意象空間，引領我們抵達金龍廳——映入眼簾的，是一座金碧輝煌的金龍噴泉，坐落在散發出莊嚴氣息的格天井與藻井所打造的大廳正中央，令人不禁感受到此處空間位置好像具有某種重要性。

　　那座宛如視覺焦點的金龍，盤繞在假山與植物造景之中，口部噴吐著徐徐流水。底下的水池清澈，滿布錢幣，不知已有多少路過的遊客在此流連，因而在此沉積下無數擲幣祈福的心願，金龍儼然成為了近似神明般傾聽眾生的存在。

　　一百年前，這個金龍噴泉所在的金黃色大廳，大約就是臺灣神社正殿神庫附近的位置，也就是存放臺灣神社「神寶」（可能是北白川宮能久親王的衣服、佩刀、書信等相關遺物）之地。換言之，這裡就是過去臺灣神社的心臟、是神社建築中最核心、隱密的位置。

　　至於眼前所見的金龍，本來也是屬於臺灣神社之物，只不過，它本來的位置是在較偏遠的神社休憩所（繪馬堂）與鳥居旁邊，大概就在現今圓山大飯店的入口警衛室附近，並沒有現在這樣看起來的神聖與耀眼（圖2）。

　　金色與龍，我們非常熟悉這組象徵著中國王朝史中帝王威權的符號。圓山大飯店作為戰後蔣家創設的國際招待所，為了

1　百年金龍
圓山大飯店提供

彰顯政權正當性和中國正統形象，有這樣一座金龍噴泉在招待
外賓的建築中軸要道深處，並不會讓人感到意外。至於這是否
有意、或只是無意間對應了過去神社的中心地帶呢？一旦疊合
了臺灣神社的前世，的確不免開始令人遐想起來。而且，跟其
他消逝的神社之物相比，金龍可說受到了禮遇。這一尊金龍，
究竟是在什麼樣的情境和機緣下，才會在這劍潭山麓的特別空
間中受到保護呢？

神社空間中的昇龍

根據許多學者、專家挖掘的史料與相關研究，我們已經可
以知道，這座被圓山大飯店譽為「百年金龍噴泉」的三爪龍噴
水池，最早出現的時間點是在日治時期。有文獻記錄這是奉納
給臺灣神社的奉納品之一，是由一位經營旅館、餐廳的日本商
人館野弘六出資，由總督府的建築師森山松之助（1869-1949）
設計製圖，再由同樣任職總督府，引進鑄金工藝的技師齋藤靜
美（1876-?）製作而成的「官民合作」產物。[1] 在那時，有許多臺
灣神社的奉納品、建物，都是依循此模式所製作。

不過，若是在 1932 年發行的《臺灣神社誌》上尋找跟這
座噴水池的相關紀錄，所見登記的名稱卻是「青銅製登龍噴水

2　1945年美軍空照圖中
的臺灣神社，藍圈為青
銅製登龍噴水器所的位
置，黃圈是戰後金龍廳
的位置

器」。換言之，森山與齋藤所參與製作的，應該也只是盤據在水池假山上的青銅龍身，以及龍身內利用高低差噴出水柱的機關。此外，在這個登記時間點之前，神社早已經有水池的配置，只是上頭不一定有龍，這點倒已可以從更早的大正五年(1916)社境銅版畫或史料中得到確認(請見本書附件〈官幣大社臺灣神社境內之圖〉)。

即使觀察現在的圓山飯店金龍，也能查覺到它與日本在地龍文化的親近關係。以日本傳統而言，龍在寺院、神社內並不罕見。例如京都妙心寺或廣尾稻荷神社的天井，都有日本畫家受託繪製的龍圖，和「青銅製登龍噴水器」一樣，都是三爪龍的造型。三爪龍在日本的佛教已有特定的圖像學意義，也影響神道教的龍圖像。無論是佛教或神道教，龍都是備受崇敬或使人畏懼的存在，例如在日本各地流傳的九頭龍信仰，就與源自佛教的祈雨治水故事有關，後來成為神道信仰的一部分，至今也存在著許多祭祀這些作為水神的龍神神社。

回觀漢文化，同樣是龍，對應的故事、主題，可能就更加五花八門了，例如臺灣寺廟石堵中常見的「帶子上朝」主題，便是以一大一小的龍穿越「龍門」，寓意家族世代為官；更不用說龍生九子等派生出更多複雜的龍形圖像與典故。而如果還有人物搭配出現，則又可以是「降龍羅漢」等等主題。總之，伴隨著龍的形象組合不同，寓意可謂千變萬化。

從紀錄上看，齋藤靜美與森山松之助製作的是「登龍」(部分史料稱之為昇龍)，試圖透過三度空間的雕塑，表現飛龍昇天的意象，也就是龍身如蛇扭曲蜿蜒，龍頭則向上朝天，即將盤旋登天的動態。類似造型也出現在同時期的日本畫家尾形月耕(1859-1920)的畫作(圖4)，以及臺灣雕塑家黃土水(1895-1930)所製作的置物(圖5；「置物」為日語，在日本文化中，擺放於和室內的裝飾品，或供奉神佛供桌前的器物)。這顯示了至少在明治時期，昇龍圖像已經出現定型化的樣式，甚至被帶到臺灣，出現、運用在公共與私人空間之中。

進一步思考的話，「青銅製登龍噴水器」除了姿勢可明確對應飛龍昇天的傳統形象，為神社鑄造的青銅龍騰空飛起又噴

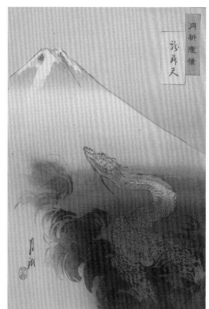

3 左 青銅製登龍噴水
器照片 國家圖書館藏

4 右 尾形月耕 〈龍
昇天〉 1897年印製發
行的浮世繪

取自維基百科公共領域圖像資源：
https://commons.wikimedia.org/
wiki/File:Ogata_Gekko_-_Ryu_sho_
ten_unrestored.png

5 《臺灣日日新報》報
導黃土水製作的銅製昇
龍置物

取自〈黃土水君力作の置物〉，《臺灣日
日新報》，1927年10月19日，第2版

吐水柱，結合潤澤水池的意象，似乎也指涉著日本神話中時常
出現與祈雨相關的龍神典故。在中國民俗神話故事中，我們時
常聽到龍具有興水、祈雨或製造洪流的能力，這些故事伴隨佛
教的傳播來到日本，結合日本在地的神道泛靈信仰，出現如八
岐大蛇、九頭龍傳承等宛如河川化身的龍神信仰。東京淺草寺
有一座佛教沙竭羅龍王的銅像噴水器，放置在手水舍內，由雕

6　東京淺草寺手水舍的
沙竭羅龍王像　高村光
雲設計　1903年奉納

作者拍攝於2023年11月7日

刻家高村光雲（1852-1934）設計，1903年奉納。沙竭羅龍王
的頭部與底部有多條龍神，龍雖為幻想虛構之物，高村光雲卻
為其賦予真實生物的肌肉線條，這部分似乎與同時代臺灣神社
銅龍的製作理念頗為相似。

　　龍既是自然災害的化身，同時也帶來雨水、河水，滋潤農
作物。這些都不免讓人猜想，森山松之助與齋藤靜美要在水池
上設計一座青銅登龍的考量，便是藉由昇天降雨的龍神造型，
表達水神滋潤土地的意義。

公共空間中的水龍

　　除此之外，我們也必須考慮「噴水池」這一設施在日本的
歷史發展。雖說日本古代早已有簡易的噴水池，但神社內並沒
有這樣的設施，換言之，在神社內設置噴水池這件事，是屬於
近代的概念。實際上，作為都市計畫與公園營造概念的一環，
西式噴水池於19世紀才被引入日本，這之中也涉及了私人園
林、庭園被現代公共空間取代的過程。

7 陳澄波（1895-1947）收藏的日比谷公園明信片與公園內鶴形噴泉的速寫，時間點應是1920年代陳澄波於東京求學期間。可見這種公園噴水池也是藝術家捕捉入畫的題材之一

左 「帝都名勝：日比谷公園噴水」明信片 8.9×14.0公分 陳澄波舊藏 陳澄波文化基金會提供

右 陳澄波 〈日比谷公園(6)-SB02(25.12)〉約1925年 紙本鉛筆 18.5×11.0公分 私人收藏 陳澄波文化基金會提供

1900 年代，日本第一座近代公園日比谷公園，委託雕金家製作鶴形的噴水器（臺灣神社銅龍的製作者齋藤靜美正好也是一名雕金家），結合臺座，安置在水池中央，成為百年來當地的知名景點。

臺灣在 1910 年代以後，於公園內、車站前或都市圓環也都陸續出現了噴水池，然而臺灣人一開始並不熟悉這樣的設施，時常可見有民眾在噴水池洗澡、玩鬧而遭到警察喝斥的報導。[2] 青銅製登龍噴水器在奉納後，成為了臺灣神社空間的一份子，且由森山松之助這位公共建築的建造專家進行設計，正與公共噴水池在臺灣出現的時間點相差不遠。也因此，這座神社登龍噴水器，其實也可說是近代神社空間的公園化、公共空間化的象徵。

江戶時期以來，參詣神社的風潮興盛。到了明治時代，隨著神道國教化，神社變成培養國民精神，以及塑造國族認同的場域，由國家動員的集體參拜與觀光活動，成為江戶以來參詣文化的延續。然而日本在打造近代神社境內的「神苑」時，也融合了西方公園的部分概念：經過人為治理的清淨自然，搭配噴水池、道路等設施，營造可觀、可遊玩的場所。有學者這麼分析，神苑與公園當時在概念上有相同之處，都是對公共環境的治理與整備。[3]

在臺灣神社的區域空間中，以鳥居、玉垣為界，劃分「內苑」與「外苑」，前者是供人參拜的靜肅空間，後者則是休憩與散步的休憩場所。總督府在外苑布置表參道的植被、植樹，並安置石燈籠、兵器、紀念碑，以及同樣由齋藤靜美鑄造的銅馬

8　1930年代拍攝的青銅製登龍噴水器。後方是擺放繪馬的休憩所，以及日俄戰爭繳獲的俄國大砲

取自臺灣神社社務所，《御鎮座三十周年記念　臺灣神社寫眞帖》，臺北：臺灣神社社務所，1932

等。這些散置在神社外苑的建物、奉納品，一方面對應日本神社信仰的某些既有傳統（兵器與神馬的奉納），另一方面也同時是效仿西式公園裡作為公共空間內的造景，既提供視覺的奇觀，也作為國民教育的一環。

　　青銅龍噴水池的獻納，正處於這新舊時代視野交疊與相容的脈絡內。

結語

　　這不是很有意思嗎？這座青銅製登龍噴水器，出現在臺灣神社的歷史因素、時代背景，以及背後那麼多的文化脈絡，無法輕易指認和定義。它是民間與政府合作下的奉納品，外觀典故出自日本信仰中常見的祈雨龍神，以及飛龍昇天的圖像。同一時期，受到西方影響，日本與臺灣的民間公共空間開始出現噴水池，此時銅龍噴水池雖被擺放在臺灣神社境內，但其實也是總督府意圖導入西式公共空間的概念，營造神社外苑有關的造景。

　　到了戰後，原本在外苑的青銅龍噴水池，被移往圓山大飯店金龍廳，靠近原本神社內苑的位置。深色的身體，也被塗上金漆，更被安置在頂上有華麗藻井、格天井等象徵重要格局的

空間位置，迎接每一位被招待至金龍廳的國賓、明星，或是來到飯店用餐的一般民眾。

銅龍依然吐著水，但也因為裹上金漆，又增加了一層寓意，成為天子般尊貴的金龍，隱喻著統治者的權威。原本貼齊龍頭與龍身，符合盤龍昇天動態向後伸展的細長龍鬚，或許因為後人為了表現視覺張力而被重新調整，轉了方向，猶如賁張之貌。

行文至此，不禁讓我心生好奇，臺灣人在當時，是否真有機會因為神社公共空間造景的視覺經驗影響，也製作出其他類似的銅龍噴水池呢？

當我們再次將時間調轉回到 1910 至 20 年代，便會發現一個意外的巧合——當時艋舺龍山寺正大規模的修建噴水池。

清代的龍山寺其實曾開鑿過一座「美人照鏡」水池，隨著時間過去，這座水池早已變得汙穢骯髒，甚至時常漂蕩著許多動物的屍體。也因此在 1910 年代末被日本政府填平，改闢為龍山公園，計畫增設噴水池。[4] 在噴水池落成後，直到 1930 年出現了一個有趣的紀錄，臺北市役所委託了在有明町一丁目(今萬華區西昌街)經營金銀細工的銀匠林石粒，製作了銅龍，安置在池內。[5]

圖 9 的照片中便是當時製作的銅龍，雖說與臺灣神社的銅龍相比，整體比例似乎較為短小，且龍角造型趨近中式，體態也略有不同，但龍身向上攀登、飛昇的姿勢，高舉龍珠的龍爪，以及順著龍身往後飄動的龍鬚等特點，都令人不禁聯想到臺灣神社的銅龍。贊助龍山寺的臺人仕紳、官僚人物，與臺灣神社的奉迎委員名單高度重疊，所以我們是不是可以很合理地推測，龍山寺的噴水銅龍，很可能是受到臺灣神社的銅龍噴水池的啟發呢？

如同臺灣神社作為在臺日人的信仰中心，奉納許多藝術品或文物，龍山寺也集結了當地臺人仕紳的力量，聘請諸多匠師營造，甚至還有藝術家黃土水、陳澄波、李應彬(1910-1995)的雕塑和繪畫被奉納至寺內。[6] 這兩座宗教信仰中心，雖不見得存在競爭的關係，卻同時讓我們看見當時的宗教設施，如何

9 日治時期艋舺龍山寺寺前水池照片　李朝北攝影　夏門攝影企畫研究室提供

10　1964年環球小姐柯瑞娜左蓓來臺訪問，於圓山大飯店金龍廳合影

取自〈臺灣新生報底片民國五十三年（十一）〉，《臺灣新生報》，國史館藏

成為社會群體與藝術收藏交會的場域。

　　最後，龍山寺歷經戰爭時期的美軍轟炸，以及戰後陸續改建，照片裡的銅龍噴水池以及諸位臺灣藝術家捐獻的藝術品多已不復存在。不過，現在的廟埕旁，仍有一座以假山與人造瀑布搭建的水池，中央還是有著身體纏繞湖石、高高仰首的噴水龍，造型與當年神社與龍山公園的銅龍，也頗為相近。

　　現在，我們要再次回來看看圓山大飯店金龍廳──那戰後

倖存的銅龍。縱使塗上一層金漆，仍不失威嚴的外觀。這條原本有著祈雨、潤澤大地意涵的日式昇龍，多年來的外觀變化，反映出社會變動的歷史訊息。

在國史館典藏的一張 1964 年照片中，可以看到當時出身希臘雅典、獲選環球小姐的柯瑞娜左蓓（Corinna Tsopei）與多位日本小姐來臺訪問，她們在圓山大飯店的金龍噴水池前合影。在全球冷戰格局中，環球小姐往往被賦予政治外交任務，而金龍廳當時正是中華民國接待國賓，作為外交角力場合的重要場所。

從神社空間到國賓會場，如今金龍廳裡的金龍周圍遊客如織，甚至還被當成許願之地，也再次成為人民可以自由出入欣賞的公共造景般的存在。它並未停止被賦予新的意義，持續照看著臺灣社會的現在與未來。

Chapter 7

神社解體後，神明的下落

臺灣神社正殿

1　達荷美總統馬加
（Coutoucou Hubert
Maga, 1916-2000）1963
年來臺，赴大直國民革
命忠烈祠獻花。照片中
可以看到馬加後方的忠
烈祠正殿屬於日本神社
的風格，也就是原本臺
灣護國神社的建築

取自〈臺灣新生報底片民國五十二年
（七）〉，《臺灣新生報》，國史館藏

當原本在臺灣神社外苑的銅龍噴水器，被搬移至圓山大飯店金龍廳，漆上金色、重新裝飾在大廳噴泉時，原本位於圓山大飯店基址的神社正殿已消失無蹤。究竟臺灣神社在終戰那一天遭遇了什麼樣的命運，才會演變成如今的樣貌？

存放器物的器物

只要留心戰後臺灣神社如何被拆除、改建為圓山大飯店，便會發現這不是一夕之間的改變，而是一段相當漫長且漸進的歷程。直到 1970 年代初期，臺灣神社才完成絕大部分建築的汰換。也就是說，其實有二十幾年的光陰，神社的相關建物與新的飯店建築並存於同一區域。這種狀況也發生在臺灣各地其他的神社遺構上，由於國民政府來臺後，並未徹底拆除舊建物，故出現以神社建築作為公家機構據點的情況，如忠烈祠、民眾教育館等。

正因臺灣神社不只是一座建築，而是建物群組，宛如桌上陳列的成套瓷器；神社境內雖有各種參拜與供奉機能的建物，但在外觀與風格上具有一致性，又共同組成一套獨立存在的機構。若透過日治時期的老照片，揣想站在明治橋的對岸遠眺劍潭山，這種對臺灣神社「器物性（objecthood）」的理解會變得更加清晰。在藝術史學者弗里德（Michael Fried, 1939-）於 1960

32 Distant view of The Taiwan Shrine, Taihoku. (臺北) 臺灣神社の遠望
本島鎮護の神 北白川宮殿下を祀る風光明媚幽邃の境

2 臺灣神社與明治橋繪
葉書 國立臺灣歷史博
物館藏

3 鄉原古統 〈始政
四十周年紀念繪葉書:
臺灣神社與明治橋〉
1935年 國立臺灣歷史
博物館藏

年代發表的知名文章中,提示我們須留意藝術品作為一個「物件(object)」的面向,包含所在位置、與觀眾的距離、所在空間與光線下的變化。[1] 在此借用這個思考方向,將有助於我們跳脫固有的建築物風格分析觀點,改將神社視為數件器物組成的群組,進行新的思考。

那麼,什麼是「器物性」的觀點呢?在日治時期的明信片與畫作中,臺灣神社時常被安排在較高位置的遠景裡,並且與社域外的景觀形成區隔。根據殖民研究的論述,這代表統治者無所不在的視線與權威性。接下來,當我們進一步觀看這個社境,在神社建築群之中,亦又透過名為玉垣的圍牆,於社境畫分出內外部,而真正祭祀神明的空間——正殿,則處於內部區域。這座正殿就像是藉由高床式結構所抬高的「物件」,正殿

4　臺灣神社鎮座式，護
送御靈代的隊伍經過明
治橋

取自臺灣神社社務所著 《臺灣神社
誌》 1932年初版　1934年第八版

門扇內又有一個空間，是作為神體的御靈代所在，而正殿終日
緊閉的門扇將祂與外界完全隔絕。如此層層包裹的器物性，形
成了多重區隔的聖俗空間。這些強調區隔距離與上下關係的視
覺構造，也出現在日本一般人民家中供奉的神棚，一般而言，
神棚同樣都要安置在正常人視線水平之上的高度。

　　由於神道儀式的隱密性，長期以來並不清楚臺灣神社的北
白川宮能久親王御靈代長什麼樣子，只知道按照日本皇室的慣
例、神社信仰的傳統，以及臺灣總督府的規定，比較有可能是
神鏡或劍（對應日本的三神器：劍、鏡與勾玉）之類的物品。[2]
由於御靈代被關在正殿內從不示眾，基於前面描述的重層觀看
構造，當人們在一定距離外的拜殿參拜時，都可說是在向正殿
這個「器物」進行祈願。

　　然而臺灣神社不同於日本某些歷史悠久，具有靈驗傳聞的
神社，是一座日本現代化後建造的嶄新設施，要如何使人信服
神社內有神明呢？為此，日本政府進行了一連串相當隆重且
盛大的儀式。根據記載，1901 年，主持皇室祭典的宮地嚴夫
（1847-1918）負責護送能久親王的御靈代，與能久親王遺孀富
子妃（島津富子，1862-1936）一同乘坐日本軍艦「淺間」抵達基
隆港，他們當晚將御靈代暫存於臺北市的總督官邸內；隔日，
隊伍以神輿乘載御靈代，沿著明治橋運往臺灣神社。在這個過

程中，皆有臺日官僚、仕紳的參與，也在臺北市舉行各項祭典活動，經由報導廣為傳播，可以說是一次相當成功的帝國統治展演。

昇神之儀

　　時間流逝，到了 1945 年二戰結束，全臺各地的神社陸續遭到拆除——其實在數百年來統治者來去頻繁的臺灣，這是一件不尋常的事情。因為清領時期的寺廟，並未隨著 1895 年乙未割臺而被日本全面汰除，總督府將臺灣寺廟定調為「地方傳統信仰」或「迷信」，設置法規管理。雖說有因土地利用而拆除或改遷，以及皇民化時期寺廟整理運動的情況，但在日治時期，來臺的神社信仰與臺灣傳統信仰「大致上」都還處於安然並存的狀況，後者並未被完全消滅。

　　然而在戰後初期，神道信仰卻被迅速消滅。首先當然是因為神社祭祀、管理者以日本人為主，當日本人被強制遣返後，神社所在地便成為無人管理的土地。其次，則是日治時期臺灣的神道信仰以國家神道為主，是崇祀日本皇族與其祖先神，與政治關係緊密的「超宗教」，對新政權而言，自然不宜保留。最後還有很容易便可想而知的理由，對反日民眾與歷經中日戰爭的外省移民而言，神社是象徵殖民統治與侵略的符碼。這種民族仇恨的遺緒，迄今仍未停止，如今臺灣各地殘存的神社遺址，時不時也還是有遭到刻意破壞的事件發生。

　　當臺灣將交由中華民國統治的情況定讞後，以臺灣神宮（戰爭末期改名）為首，由日本政府直接補助或派遣神職的神社，便由日本頒布公文，正式宣布廢除。1945 年 11 月，當日本政府確認海外各個官幣大社的狀況時，也同步舉行「昇神之儀」（等同送神的儀式）。

　　除了臺灣，日本在東亞、太平洋島嶼的佔領地、殖民地內建立許多神社。單就官幣大社而言，包含臺灣神宮在內，還有朝鮮半島的朝鮮神宮、庫頁島的樺太神社、滿洲國的關東神宮、帛琉的南洋神社等，這些神社在戰後的境遇都不一樣。

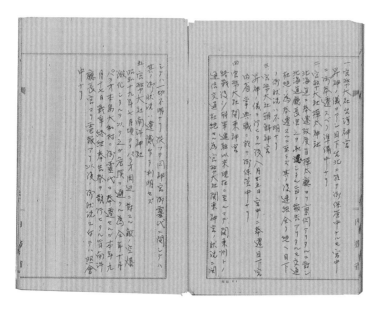

5　〈樺太、朝鮮及台湾
ニ於ケル官国幣社ヲ廃
止ス〉《公文類聚・第
六十九編・昭和二十年・
第六十七巻・衛生・人
類衛生・社寺・神社・
寺院》

　　根據日本方面掌握的消息，關東神宮與樺太神社，屬於蘇
俄勢力範圍，由於交通連絡斷絕，狀況不明。其餘地區的海
外神社，則多已執行「昇神之儀」。細觀 11 月的政府檔案，可
以看到有別於臺灣神宮御靈代「眼下正在臺北被保管中，正在
準備奉遷回宮中。」的待辦處境，朝鮮神宮御靈代早已於「八月
二十五日奉遷宮中，由宮內省掌典職保管中。」這表示日本宣布
投降（8 月 15 日）後沒多久，朝鮮神宮的神職人員就盡快乘船
將御靈代送回日本了。這或許也與朝鮮半島在宣布投降後，就
爆發大大小小的動亂、破壞有關。

　　實際上，比朝鮮神宮御靈代還要更早回到日本的，是朝鮮
總督的夫人。她早在 8 月 17 日就秘密返日，深怕被發現。包
含她在內，許多統治朝鮮半島的日人高層，一聽到日本宣布投
降，就爭先恐後的帶上家當一起趕回日本。由於朝鮮半島各地
神社接連傳說縱火、破壞的事件，應是為了避免受到波及，8
月 18 日，朝鮮的總督府便下令聯繫神社，舉行昇神之儀。[3]

　　戰後初期，朝鮮半島的神社被視為「倭族偶像的伏魔殿殘
餘」而遭到迅速剷平，相較之下，臺灣方面在處理神社遺跡時，
可以說相對平靜。[4] 追溯原因，除了因為與朝鮮半島從完整國
家淪為殖民地的處境衝擊不同，還有另一個現實因素是，負責

6　朝鮮神宮全圖

取自朝鮮神宮社務所，《朝鮮神宮寫眞帖》，京城：朝鮮神宮社務所，1930，頁24

接收臺灣的國民政府行政長官公署，無暇迅速建造新的公共建築，只能暫時沿用日治時期的設施。

　　至於也位在太平洋佔領地的帛琉南洋神社，則由於處在戰爭前線，為避免連日空襲，日本在戰爭末期於當地叢林內建造了臨時社殿，將御靈代遷至該處，原先的神社則遭到空襲受損。戰後於美軍見證下，原神社舉行奉燒儀式，而位於臨時社殿的御靈代也完成昇神之儀，於隔年的1月運回日本。[5]

　　臺灣方面，即使社會秩序較朝鮮半島安定，但由於末代總督安藤利吉（1884-1946）最終在上海自盡，可以想見戰後初期臺灣神宮的事務可能還是一團亂，可能有部分收藏在這時流散、失蹤。即使順利完成昇神，但安排迎回之事卻不容易，然而在原總督府與行政長官公署的通力合作下，最終仍順利完成接收、轉讓與日人遣返工作。

　　臺灣神宮御靈代在完成昇神後，直到11月為止，都暫存於臺北。至於其他神社，則在完成昇神之儀後陸續將御靈代焚燒、掩埋。最終，臺灣神宮御靈代隨著日人的遣返船（最早的一艘是1946年）回到了日本。

　　成為空殼的原臺灣神社正殿，隨著戰後神社先後被改建成社教館與飯店，原建築也陸續被拆除。其中作為信仰中心的正殿，很可能是最早被拆除的「物」。根據戰後早期圓山大飯店影像，可知除了休憩所、社務所、鳥居、狛犬等少數神社建築

與奉納物外還留存之外，其他多已遭到拆除不復見。

歸鄉之後……？

回到日本以後的北白川宮能久親王御靈代，下落如何呢？

這邊我們稍微提一下別的故事。二戰期間的 1941 年，在現今的中國河北省，蒙疆聯合自治政府成立了蒙疆神社。蒙疆聯合自治政府是日本在 1930 年代扶持的蒙古親日政權；而後續成立的蒙疆神社，則是供奉北白川宮能久親王的孫子，也就是在中國軍事訓練途中逝世的北白川宮永久王（1910-1940）的神社。

根據海外神社專家辻子實的研究，戰後蒙疆神社的御靈代並未原地焚毀並掩埋，而是被宮司帶回日本。1952 年，永久王先是被奉入靖國神社內，到了 1959 年，靖國神社舉行臨時大祭，亦將能久親王的御靈代一同供奉至社本殿。[6]

1961 年，脫離皇籍的北白川宮家已改名北白川家，他們委託幾位日商，自臺北市某處，帶回「能久親王的帽子、寢臺等遺品。」[7] 從遺品清單來看，應該不屬於臺灣神社舊藏，或有可能是臺南神社舊藏（臺南神社曾典藏能久親王的寢臺、蚊

帳、肩章、帽、衣等物件）。[8] 無論這些遺品的來源為何，最終這些與能久親王有關的物件，都接連離開臺灣，流離的日本親王最終回到故鄉。

然而，伴隨東亞各國間累積的民族仇恨，以及對祖先、靈魂與信仰的理解差異，導致祭祀二戰日本兵（也包含許多甲級戰犯）的靖國神社，成為當代東亞政治博弈衝突的新焦點。每逢日本政要顯貴參拜，皆成為各國媒體的發燒話題，甚至會影響各國國內的選舉情勢。作為參與甲午戰爭與乙未割臺軍事行動的將帥，能久親王無疑也處在備受爭議的位置。

靖國神社的政治性，與其從宗教的角度來質疑，不如說是參拜靖國神社的行為本身，意味著對侵略戰爭的肯定。而本書著眼於文物移動的觀點，則希望帶讀者另外再看見跨越戰爭的「物」的特殊性。能久親王的御靈代從 1901 年隨艦抵達臺灣，供奉臺灣神社，直到 1945 年完成昇神之儀，御靈代返還日本，以及在 1959 年完成招魂，御靈代入祀靖國神社，這整個過程正是一次伴隨東亞政治格局的變遷而展開的跨境文物移動，也是少數「返還」日本的臺灣神社文物。

雖然面臨戰後國家神道的瓦解與重構，回到日本的能久親王御靈代，卻也在神道的信仰脈絡下被重新供奉。然而原地建造的臺灣圓山大飯店，已經不再是與世隔絕的宗教場所，而是中華民國基於冷戰時代的外交需求，為全球自由陣營（Free World）準備的國家級迎賓飯店。若說臺灣神社與圓山大飯店有什麼相似之處，除了同樣選擇國家傳統的建築樣式為風格依據以外，也都是當地政府迎接外賓時，必然會帶往參訪的空間，如此的空間特性被有意無意延續下來。

至於遺留在圓山大飯店的器物還有哪些，如今被移送至臺博館的文物又歷經了什麼樣的複雜旅途，就留到後文再說明。

Chapter 8

拼裝紀念碑

劍潭勝跡碑

1　左　〈獻兵器記鑴刻碑〉

取自臺灣神社社務所,《御鎮座三十周年記
念:臺灣神社寫真帖》,臺北:同編者,
1931

2　右　〈海軍戰捷紀念碑〉

取自《美術畫報》,16編,卷5,1904年12月

　　伴隨神明歸鄉,空留原地的臺灣神社遺物,只剩下山下劍
潭公園旁的一對狛犬、圓山大飯店內的金龍、位於飯店入口的
石獅,以及本章要介紹的〈劍潭勝跡碑〉。

　　從外觀來看,〈劍潭勝跡碑〉的中央有一塊長方形的凹槽,
嵌入了石板,石板上以中文草書刻下「劍潭勝跡」四字,以及「中
華民國五十年　于右任」。

　　雖說石碑上刻寫的是戰後的字跡,但無論是石碑本體,抑
或是底下的臺座,的確是日治時期臺灣神社的遺物沒錯。因為
根據研究,石碑是由兩塊日治時期臺灣神社的紀念碑組成。上
半身的石體是〈獻兵器記鑴刻碑〉,為「臺北紙文具商組合」在
1929 年 3 月向臺灣神社奉納的大型石造紀念碑。而〈獻兵器記
鑴刻碑〉這座石碑,記錄的正是 1900 年代臺灣神社接收日本
陸軍與海軍戰利品的事蹟。

　　此外,現在的〈劍潭勝跡碑〉的下半部,也就是被石塊堆
砌遮蓋的區塊,以及底下的圓柱體底座,則是另一個碑體的局
部,也就是屬於日俄戰爭以後,日本以獲得的俄國大砲改裝而
成的〈海軍戰捷紀念碑〉的部分。[1]這是一件很不尋常的事,因
為在戰後,國民政府或是就地沿用神馬、銅牛或是狛犬等殖民
統治意涵較淡薄的遺物(頂多修改紀年、抹去紋飾),或是全
部破壞去除 ——〈劍潭勝跡碑〉這種拼裝與組合沿用的情況,
實屬罕見。

地景重塑

有別於民間自主獻上的〈獻兵器記鐫刻碑〉，由日本海軍獻給臺灣神社的〈海軍戰捷紀念碑〉更加不尋常。根據史料，〈海軍戰捷紀念碑〉是由海軍大臣齋藤實（1858-1936）所奉納，碑身原本是俄羅斯帝國戰艦「波爾塔瓦號」（Полтава, Poltava）上的裝備。

波爾塔瓦號有著相當曲折的戰史經歷，它是最早被編入帝俄的太平洋艦隊，服役於中國東北的旅順港。日俄戰爭爆發時波爾塔瓦號投入戰場，隨著俄軍失利，這艘戰艦在旅順會戰中被擊沉，之後日軍將整艘船隻打撈起重新修造，並改名為「丹後」，成為日本的軍艦。

重生的丹後艦，在一戰時做為日本軍艦參與青島戰役。戰後，應帝俄要求，日本將丹後售予俄國，於是丹後艦又再次改名為切斯馬艦（Чесма, Chesma）。然而就在戰艦回國後沒多久，卻又遭遇了十月革命的俄國內戰，期間，英國企圖以武裝手段干預內戰，於是將切斯馬號捕獲，直到 1919 年英軍撤出以後，蘇維埃政權才將切斯馬號重新取回，此後一直到 1924 年除役並拆解。[2]

根據史料記載，波爾塔瓦號在日俄戰爭被擊沉後，船上的 6 吋砲由日本海軍拆除，連同其他船艦的砲彈一起經由廣島吳

4　白玉山表忠塔

取自山縣文英堂書店編纂,《旅順の戰蹟》,旅順:山縣文英堂書店,1934,圖2

市海軍工廠,運送到基隆,以火車載到臺北。[3]之後,總督府的技師森山松之助負責將大砲重新設計成紀念碑,他將砲身直立,以青銅製的月桂樹葉將其環繞,底部四周以砲彈與鐵鍊裝飾,砲身有東鄉平八郎(1868-1934)書寫的「日本海戰捷紀念」,最後安置於石造基座上後,奉納臺灣神社。

　　東鄉平八郎是在日本近代史上赫赫有名的人物,他參與了一連串日本對外的戰役,並擔任日俄戰爭聯合軍艦司令,主導日本海軍的勝利。由他在做為戰利品的俄國大砲上題字,無疑帶有得勝揚威的意義。同時,東鄉的書法、漢學亦佳,相傳他有一枚「一生低首拜陽明」印章;陽明,也就是明代大儒王守仁(王陽明,1472-1509),也是戰後臺灣「陽明山」的命名來源。雖然東鄉持有此印的事情真假不明,但確實反映了東鄉給人富有漢學素養的形象,現今也可以看到有多幅東鄉的漢字書跡傳世。[4]雖然透過照片印刷,很難判斷「日本海戰捷紀念」楷書大字的風格,但大致可見呈現出筆直、莊重且圓潤的感覺。

　　並非單純陳列兵器本體,日本將俄國大砲卸下砲臺,改裝成戰爭紀念碑的作法也值得注意。聳立的炮身,讓人聯想到森山松之助過去學習西方建築技術時,必然會接觸到的方尖碑(Oblisk)。另外,同時間的日本,也曾出現過一些以砲彈為造型來源的紀念碑,例如〈日清戰爭第一軍戰死者紀念碑〉、或是同樣在日俄戰爭後,由日軍在旅順港白玉山上建造的表忠塔

5　日本陸軍奉納臺灣神社的戰利砲

取自《御鎮座三十周年記念：臺灣神社寫真帖》

（圖 4）。[5] 表忠塔頂採砲彈的樣式，為紀念戰死者而製作，同樣由東鄉平八郎在塔上書寫銅匾。[6] 但與〈劍潭勝跡碑〉不同的是，表忠塔在戰後被保留下來，被視為體現日本侵略中國的「負面遺產」。

　　設立〈海軍戰捷紀念碑〉以外，臺灣神社也被安置了不同戰爭中繳獲的大砲。日本自古以來即有向神社奉納刀劍兵器的傳統，考慮到北白川宮能久親王的「軍神」神格，除了一般刀劍，日本近代戰爭的大砲兵器因此也是很合理的奉納品。同時，對總督府而言，透過戰利品的展示陳列，塑造某種「愛國地景」，也有助於培養大眾的愛國心與民族自豪感，可以說是這種「紀念碑／兵器」雙重展示的重要意義。

　　這類象徵日本軍國主義的紀念物，想當然不見容於戰後的國民政府時代。不過饒富趣味的是，根據戰後的政府檔案，這些兵器最初並未因為背後的殖民色彩遭到拆除破壞，而是當時臺灣神社被改建為民眾教育館，因此在 1948 年由公共工程局顧儉德發電給臺灣省博物館，請省博派員將陳列於臺灣神社外的部分大砲、砲塔與砲彈搬走。

　　經過一連串的往返搬運後，省博在 1949 年將這些兵器運至館外陳列。在國共內戰的時代背景下，曾有紀錄這些「本館陳列之槍砲恐被匪利用」，擔心這些兵器被共產黨取得。[7] 到了 1960 年，這些兵器最終被移送至國防部史政局，由國軍歷史文物館保存，[8] 如今國軍歷史文物館外仍可見到陳列部分砲管。

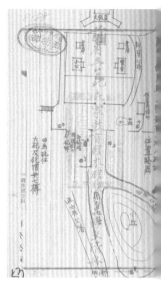

9 至於留在教育館(後來改建為圓山大飯店)內的砲塔基座,則與〈獻兵器記鐫刻碑〉合併,成為如今的〈劍潭勝跡碑〉。

于右任書法與基隆河北岸地景

就像清帝國大抵沿用前朝的紫禁城建築,後繼政權繼續使用前代政權的遺產並不少見。國民政府接掌臺灣初期,百廢待興,一時沿用前政權的場館,甚至也修復了日治時期的臺灣總督府建築,作為後來的總統府。

從這點來看,當國家神道隨日本戰敗瓦解,作為載體的臺

灣各地神社喪失功能後，其遺產被延續使用並不奇怪。所謂遺產，包含土地、建築、戶外奉納物、藝術品等，在去除被認為是「日本軍國主義」的威權符號之後，基於節省土地與資源的務實需求而被留下。

　　例如，戰後國民政府將臺灣神社的部分建物，先後挪為教育館與早期圓山大飯店的辦公室，或是將狛犬、石獅保留，去除原先國家神道的任務。此現象泛見於臺灣各地神社遺產，例如現址瑞芳高工的瑞芳神社，狛犬被搬移至山坡下的瑞芳龍巖宮，當成寺廟石獅。[10] 另外也有將材料對外出售的情況，像是臺灣神社鳥居花崗岩石材，便由重修故鄉三峽祖師廟的畫家李梅樹（1902-1983）購買，作為正殿的四點金柱。而且，就像是將兩個紀念碑重組後的〈劍潭勝跡碑〉一樣，李梅樹也在改裝的廟柱上，鐫刻了于右任的書跡。

　　于右任，1879 年出生於清末的陝西，17 歲中秀才，24 歲中舉人，但因為在自身詩作中勇於抨擊時政，批評慈禧太后，故遭清廷下諭革其舉人，於是于右任易名流亡上海，他在 1904 年與孫文（1866-1925）見面，同年加入同盟會，負責上海一帶的同盟會務，並積極從事報業，發表革命言論。

　　中華民國成立以後，于右任擔任交通部次長，之後響應孫文「護法運動」，成立陝西靖國軍，任駐陝總司令。1926 年擔任陝西省主席，北伐完成後歷任審計院、監察院長。二戰後於 1949 年隨國民政府遷臺，於 1962 年逝世。

11　左　〈劍潭勝跡碑〉局部
作者拍攝於2023年1月24日

12　右　帕米爾公園于右任
題「妙景」石刻
作者拍攝於2023年8月25日

　　從政之外，善於書法的于右任曾創立標準草書，致力草體的現代化應用，即使最後草書並未如他所願成為官方書體，但他致力整理歷代草書寫法、歸納並重新編排漢文的偏旁符號統則，使草書成為具備現代性、易於大眾書寫和辨識的字體，又不會減損藝術價值，無論是從書法史角度、或是藝術如何參與東亞現代化進程來看，都具備重要意義。[11]

　　在〈劍潭勝跡碑〉上，于右任以標準草書書寫石碑大字，此舉有別於尋常匾額、石碑或摩崖石刻的字體。因為一般而言，草書的筆法重視連筆映帶、流暢不斷變化的弧線，很少有穩定的直線線條，因此會讓字形看起來不夠穩定、甚至像飄在空中，缺少立足天地的穩固感，但于右任以碑學經驗，結合標準草書，創造出了雖然經過簡化筆畫，卻增加厚實穩重感的線條，以契合單行碑體的穩重版面。

　　於是乎，觀察〈劍潭勝跡碑〉，視覺效果的重心，在於字體圓潤且加重粗細對比的線條，保留草書流暢且粗細有致的運筆之外，藉由方正的布局，彌補原本草書結構容易不穩定的缺憾，正是于右任所追求與改良的現代性草書。

　　于右任其他的石刻草書，還可以比較臺北陽明山國家公園境內的帕米爾公園所留有的于右任書跡摩崖石刻群。帕米爾公園內的石刻，因鑿刻者為求凸顯字跡而塗上紅白二漆，導致書法線條略受影響，而〈劍潭勝跡碑〉僅施以金漆，保留較多于右任當初書寫的風格，但整體統觀，便可以感受到于右任當時

想要調合碑體與草體的目標。1995 年，書法家李郁周在《雄獅美術月刊》上，對臺灣各處留存的書家墨跡侃侃而談，提到〈劍潭勝跡碑〉時，李郁周便給予了極高的評價。[12]

這段時間，于右任時常應不同單位、政要的索求提供書法作品，使得于右任的書法泛見於政府單位、博物館、紀念館、寺廟。某種程度上，可以說于右任的書法也成為了戰後重要的文化意象之一，其中，又尤以臺灣神社所在的基隆河北岸最為特殊。

除了立於圓山大飯店入口的〈劍潭勝跡碑〉之外，還有另一組原址在日治時期屬於〈臺灣警察官招魂碑〉，在戰後被改建成「太原五百完人紀念建築群」的牌坊。現在牌坊上也可見有于右任題寫的「天地正氣」、「成仁」、「取義」，皆出自中國南宋愛國詩人文天祥（1236-1283）的〈正氣歌〉。有別於〈劍潭勝跡碑〉表現較為瀟灑流動的書寫方式，牌坊字體則以古樸的碑體寫成。

太原五百完人紀念建築群落成於 1951 年，為紀念 1949 年國共內戰太原戰役中，以太原代理省長梁敦厚（1906-1949）為首自刎的軍人們，內部包含紀念碑、紀念堂、牌坊與招魂塚，屬於國殤紀念的建築。姑且不論太原五百完人故事的真實性，其建立的確帶有形塑民族認同的意義，可以說與日本的靖國神社、臺灣的建功神社、護國神社是相似的建築，或許正是如此，

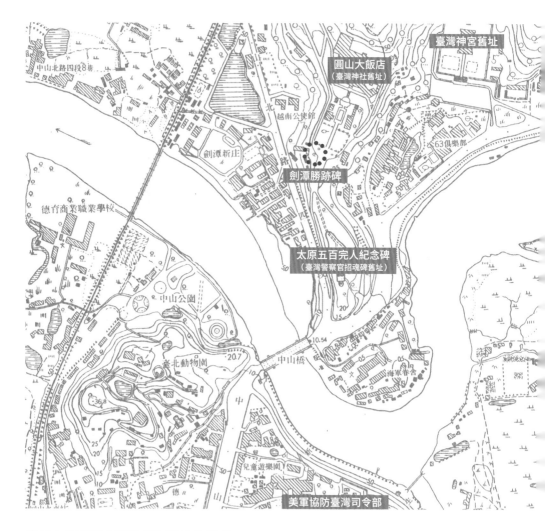

図中の文字:
中山北路四段8巷
臺灣神宮舊址
圓山大飯店
（臺灣神社舊址）
越南公使館
劍潭新庄
63俱樂部
劍潭勝跡碑
德育商業職業學校
太原五百完人紀念碑
（臺灣警察官招魂碑舊址）
中山公園
臺北動物園
20.7
中山橋
海軍春舍
10.54
36.8
25
20
兒童遊樂園
美軍協防臺灣司令部

牌坊上的字體才選擇較為莊重的樣式。

　　包含圓山大飯店、太原五百完人紀念建築群在內，戰後國民政府在臺北基隆河兩岸所進行的，正是一連串「去日本化、再中國化」的地景改造工程。原本北岸的臺灣神社（與戰爭期間增建的臺灣神宮）、佇立在參道旁的〈臺灣警察官招魂碑〉、位於大直的臺灣護國神社等等，都在戰後改建為帶有中華國族意象與民族情感的設施。同時，南岸也成為冷戰時代駐臺美軍基地的所在地。

　　在這樣的時代背景下，位居高官，藝文造詣備受推崇的于右任，他的書法成為此地景改造景觀的一部分。原本盤踞在劍潭山的神社鳥居、招魂碑等日治時期重要地景消失，取而代之

忠烈祠
（護國神社舊址）

的是圓山大飯店的中華復興宮殿式屋頂、靜肅的太原五百完人紀念建築群，以及于右任兼具飄逸與穩重的草書，成為戰後數十年民眾的新記憶。

結語

追根究柢，「劍潭勝跡」是什麼意思呢？「劍潭」並非真的潭水，而是早期基隆河流過此處時，形成較大面積的河道空間。而「劍潭」之名，最有名的傳說便是鄭成功的劍潭傳說，相傳他曾在此擲劍鎮住河妖。于右任的「勝跡」之意便對應了這個虛無飄渺的傳說，在他題寫石碑的 1960 年代，歷經國共內戰失利，隨軍退守臺灣，年事已高的他，在日記中寫下：「遠遠是何鄉，是我之故鄉。」後便逝世。此時，「劍潭勝跡」不僅歌頌了劍潭的傳說故事，呼應鄭成功退守臺灣、反清復明的史實，似乎也呼應了書法家個人的懷鄉之情。

從東鄉平八郎在俄國大砲上的厚實題字，反映日俄戰爭後日本國勢蒸蒸日上的民族自信心，到于右任積極回應現代世界變革下的標準草書，雜揉了懷鄉之情與政治地景的重塑。兩塊紀念碑底下疊加的多個戰爭故事與時代，戰艦的砲彈、信仰的目光、因應政治與社會變遷塗改的價值觀，它們就這樣合為一體，如今靜靜地聳立在那裡。

14　二戰後基隆河北岸的圓山大飯店、臺灣神宮舊址、劍潭勝跡碑、太原五百完人紀念碑、大直忠烈祠，以及南岸的美軍協防臺灣司令部位置

有意思的是，如今若搜尋網路上的旅遊心得、觀光網站的介紹，總會稱這塊〈劍潭勝跡碑〉為「石敢當」，是具有避邪功能的吉祥物。[13] 當然，讀完本章，了解石碑來龍去脈的讀者自會另眼看待，但對一知半解的大眾而言，將之當成具有風水功能的神物，倘若東鄉平八郎或于右任地下有知，或許也會莞爾一笑吧。

Chapter 9

敗戰神明的遺物

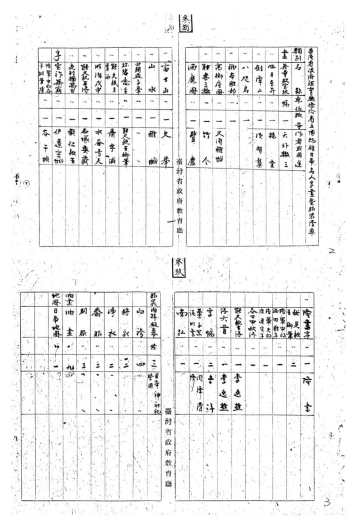

〈臺灣省政府教育廳措洽省立博物館日本名人字畫暨服裝清單〉

《國立臺灣博物館》1950年7月12日　國立臺灣博物館藏

當我們走在臺北市館前路上，通往國立臺灣博物館的大門，入口處的兩座銅牛靜靜坐臥著，宛如蘊藏大智慧的禪僧，看著每一位過客來來去去。

很多人知道，這兩座銅牛也是臺灣神社的奉納品。而臺灣博物館的庫房深處，還典藏了許多未曾被展示過的臺灣神社文物，包含本書前面幾章所介紹過的絕大多數藝術品。這些文物是怎麼從臺灣神社移動到臺博館的？他們原本在神社裡是怎麼被展示跟收藏的呢？它們又是如何躲過戰後對日本時代遺產的清算、破壞，安然保存在現在以自然科學教育為主題的臺博館庫房裡？

就在本章，我想藉由這份〈日本名人字畫暨服裝清單〉公文，向各位分享我研究臺灣神社文物收藏時，最重要的提問與發現。

大妃的和室

正如我在第七章所說的，臺灣神社從來不是單一建築物的名字，而是一整個群組，神社區域內坐落著許多建築。由於臺灣神社位居社格最高的官幣大社，所以規劃時占地龐大，內部有許多功能各異的設施，包含正殿、拜殿、御滯在所、社務所、神庫、祭器庫、神樂殿、手水舍等等。

本書介紹過的藝術品，如野村文舉〈富士山圖〉、須賀蓬城〈劍潭山圖〉等作品，都是裝裱成掛軸的形式，甚至有部分作品在裝裱上可見下了一番功夫，例如野村文舉的〈富士山圖〉便採用了白地松樹紋搭配織金的松葉，表現吉祥的寓意，呼應了這幅畫的收藏脈絡。而那須雅城〈從燕指峰望向白頭峰〉使用了紺地蓮花紋金襴，同樣帶有吉祥意涵。

這些在神社內被稱作「金品」（金錢及珍貴的物品）的書畫，其華麗的日式裝裱，帶有宗教上的意涵，對應作品被懸掛於神社的空間需求。此種圍繞殖民地海外神社內展開的藝術活動（製作、裝裱、陳列），並不僅限於臺灣，而是當時日本在亞洲、大洋洲佔領地的共同現象。例如那須雅城在 1927 年奉納朝鮮

1 野村文舉〈富士山圖〉與那須雅城〈從燕指峰望向白頭峰〉的裱布紋樣

作者拍攝於2023年8月29日

2 朝鮮神宮敕使殿與後庭

取自〈朝鮮神宮勅使殿〉,《每日申報》,1925年10月6日第1版;《朝鮮神宮寫真帖》,圖15

3 臺灣神社御滯在所（和社務所同個空間）與後庭

取自《御鎮座三十周年記念：臺灣神社寫真帖》

神宮的畫作〈金剛山〉,根據報導,便裝飾於朝鮮神宮的「敕使殿」。[1] 敕使殿是貴人停留的空間,接待參與儀式的皇族,裡面設有和室與後庭。

臺灣神社並沒有設置敕使殿,但卻有功能相對應、附有社務所的御滯在所,同樣是接待皇族、貴人的建築,並設有和室和後庭。相比朝鮮神宮的寬敞庭園,臺灣神社的庭園顯得較小,但植樹較多,並植有帶有南國氣息的蘇鐵。

由於現存臺灣神社的室內照片不多,我們難以掌握金品在臺灣神社內的裝飾方式,只能仰賴文字提供的描述。例如1907年7月,明治天皇侍從武官白井二郎（1867-1934）來臺巡視,參訪臺灣神社時,《臺灣日日新報》便提到他在下午3點:「觀覽御滯在所陳列之寶物」,直到4點離去。[2] 或是1917

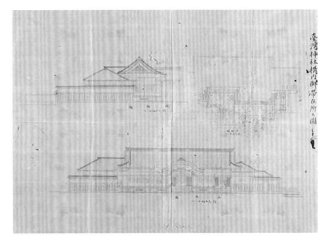

4　臺灣神社御滯在所設計圖
國立臺灣歷史博物館藏

年能久親王之子北白川宮成久王（1887-1923），偕同妻子房子
妃（1890-1974）參拜臺灣神社時，神社記錄了以下行程：

> 同年十一月二日，早上八點五十分兩位殿下再度參
> 拜，並奉上幣帛、玉串，拜畢，觀看大妃殿下親手種
> 植的松樹，結束後在社務所小憩，觀覽於別室陳列的
> 寶物之後，聽取社務狀況，然後離開。

成久王夫婦與白井侍從武官的觀看經驗，說明御滯在所
（與和它相連的社務所）是向這些貴人展示神社寶物的私密招
待空間。另外，北白川宮能久親王的遺孀富子妃（1862-1936）
於 1926 年參拜神社時，報紙有更詳盡的描述：

> 在總督官邸度過這常夏之島最後一夜的北白川宮大
> 妃殿下，……自御泊所出發，……九時五分到達臺灣
> 神社，大妃殿下暫時到社務所休憩，在起居室的榻上
> 觀覽著祭神御筆，與一旁同樣是祭神過往持有的軍刀，
> 觸動了大妃殿下的感情。其他如妃內親王殿下（即北白
> 川宮成久王妃房子內親王）獻詠的御歌，或是高崎正
> 風（1836-1912）獻上的菊花的千本槍（1901 年奉納），
> 以及明治大帝親手製作的菓子器（1925 年奉納），……
> 等等，殿下深感興趣的看著。[3]

富子所在的可能是休憩用的和室。神職人員特別在此處陳

列對應的書畫、器物，包含現在由臺博館典藏的能久親王御筆（圖6），以及下落不明的明治天皇菓子器、能久親王配刀等。這些器物適合裝飾在和室的床之間（和室中一個高於地面內凹的裝飾性小空間）內，以營造出招待貴人的空間特性。

至於平時，這些掛軸可能會被妥善收納，神職人員會在共箱（收納書畫的木盒）上標記器物的編號、作者、奉納者與作品名稱（可以參考頁69圖6）。有些奉納者會在共箱內奉上書信，附記與這件書畫有關的內容。例如1930年，謠曲家兼日本畫家武部竹令（武部竹次郎，1861-1940）奉納以能樂曲目「三輪」為題材的作品〈能樂三輪〉時，便在書信中詳細描述「三輪」的情節與舞臺服裝（圖8、圖9）。

能樂曲目「三輪」描述以女性姿態出現的三輪明神，對僧侶跳著神明天鈿女命的「天岩戶的神樂」，以此慰勞熱心助人的僧侶。由於「天岩戶的神樂」是指傳說中天照大神躲在山洞時，天鈿女命所跳的舞蹈，可以說是具有相當濃厚神道色彩的場景。竹令的作品源自這個典故，藉由描繪扮演女神的能樂演員舞蹈，傳遞敬神與祈福的祭祀意涵。

當觀看者將畫作自共箱內取出，懸掛在臺灣神社的和室床之間內，同時可以閱讀書信內容，藉由圖、文相映，還有整個神社空間，方能理解畫作背後能樂曲目的重層意涵，這幅作品被預設的觀看情境便是如此。

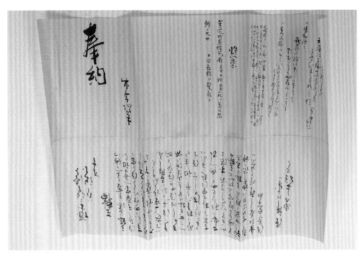

臺北市中正路一六九四號大樓

　　戰爭爆發、結束，隨之而來的戰敗、政權轉移，使得本應存在神社內的眾器物，面臨流散的命運。1945 年以後，臺灣神社由行政長官公署教育處進行接收工作，期間對神社舊址的用途，有不同的意見，如一度可能建設成省立藝術館或是延平郡王祠等，最終則定調為民眾教育館場地。然而不到四年，民教館便停辦，轉由財團法人臺灣旅行社接收經營招待所，這也可說是後來蔣宋美齡經營的「圓山大飯店」的前身。[4]

　　同一時間，原本在神社裡的文物，完成簡單的清點、登記

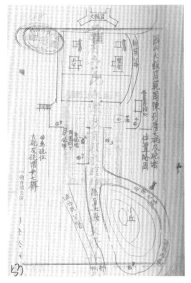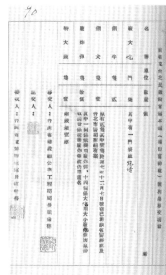

10　臺博館保存的1949
年臺灣神社大砲、銅牛
移交的公文與示意圖，
國立臺灣博物館藏

後，被移送到同為教育處管轄的臺灣省博物館內。第一批移交
以大型的奉納品為主，其中最重要的移交物，就是現今安置在
臺灣博物館外的兩座神社銅牛。另外，原本陳列在神社外的砲
臺、彈藥，也都一併移交，不過根據研究，後續有部分大砲輾
轉移至國軍歷史文物館。[5]

　　第二批神社遺物的移交，是在 1950 年 7 月，從教育處改
組而成的省政府教育廳，突然向臺灣省博物館發送一份公文，
內容是要求博物館派員到教育廳內領取「日字畫及祭祀服裝」，
於是 22 日當天，博物館派了兩名館員劉寶璋、何勛堯，前往
教育廳接收這批文物。

　　實際上，這批「日字畫及祭祀服裝」，很大一部分是臺灣神
社所收藏的書畫，也就是本章開頭所提到的〈日本名人字畫暨
服裝清單〉。包含野村文舉〈富士山圖〉、那須雅城〈從燕指峰
望向白頭峰〉等畫作，以及北白川宮能久親王的御筆書法等。
仔細比對作品與清單，可以發現這份清單是按照作品落款，或
是神社留下的清冊寫成，部分可能只依據題款書跡或直觀圖像
來命名。例如公文寫「那須雅城」為「久須雅城」，〈新高山之圖〉
則寫成「山水」。

　　另外，〈日本名人字畫暨服裝清單〉還登記了數件神社的
祭服，以及教育廳接收過去總督府外圍組織「臺灣教育會」收

11　左　鈴木保德　〈插在壺裡的花〉　畫布油彩59.0×59.0公分　國立臺灣博物館藏

作者拍攝於2019年7月3日

12　右　水谷宗弘　〈先總統蔣公遺像〉（登錄名稱：蔣主席肖像）　1946年　畫布油彩168.0×130.0公分　國立臺灣博物館藏

作者拍攝於2019年7月3日

藏的油畫，大多來自日治時期來臺辦展、旅行的畫家作品，例如日本獨立美術協會畫家鈴木保德(1891-1974)的花卉油畫（圖11）。根據史料可知，這件作品便是由臺灣教育會保存，於戰後隨神社文物一起被移送至博物館內。

　　附帶一提，除了清單內的藝術品之外，臺博館內還有一件戰後日人遣返前，由日本畫家協助繪製的〈蔣主席肖像〉（圖12），此畫作是日本畫家水谷宗弘(本名水谷勝成，1904-?)戰後遣返前所畫，並留在博物館內保存，這件作品屬於臺灣在政權交替之際誕生的藝術品，具有獨特的意義。

　　總之，因為特殊的時代背景，臺博館接收了諸多藝術品，實在有別於我們現在對臺博館多在展示動植物標本或化石藏品的一般印象。

　　戰後政府接收臺灣神社與臺灣教育會相關的藝術品，在移送至博物館前，其實最初先是送到省政府教育廳的辦公室，但這件事情並沒有被記錄下來，對照後來的公文，可知辦公室地址是：「臺北市中正路一六九四號大樓。」[6] 然而，如今臺北市中正路並不存在 1694 號這個門牌，那麼政府到底把臺灣神社的藝術品暫放在哪？

　　實際上，公文裡的中正路，是如今的臺北市忠孝東路；而1694 號大樓，正是現在的監察院——日治時期是臺北州廳，戰後被臺灣省政府接收，作為教育廳的辦公室。當時的教育廳，還保存了過去日治時期公文檔案、書冊。歷經長年的整理，最後變成現在的《總督府公文類纂》檔案的基礎，成為臺灣史

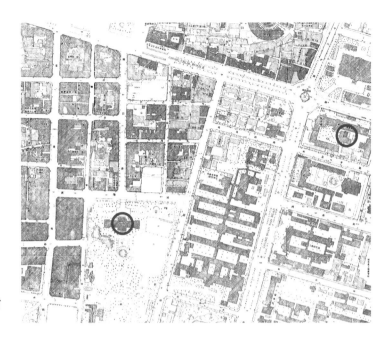

研究的重要參考資料。

　　之後又過了十年,省政府與省議會遷往臺中,臺北的辦公室轉變為倉庫。同時,教育廳再次寄送公文至博物館,進行最後一次的相關文物移交。那是留在臺北辦公室的一組臺灣神社舊藏藝術品,也是最晚進入博物館庫房的臺灣神社收藏品,它們就是並河靖之所製作的七寶燒香爐及桌子。[7]

結語

　　如果要為這一章決定關鍵詞,那就是「空間」與「移動」。原本陳列在神社內,供皇室貴冑鑑賞、瞻仰的藝術品,隨著戰後神社廢除,被移至臺灣省政府的辦公室中,與來自臺灣教育會的油畫、成疊的總督府公文放在一起。直到1950年代,這些由於神明離去,不得不落入凡俗之地的神社遺產,才先後被移交至博物館內,留存迄今。

　　這批藝術品的移動過程,宛如戰後臺北城市重構(reconfiguration)的縮影。隨著日本殖民權力的退出,遺留下的空間由國民政府填補、重構,各自賦予新功能,也造成文物

移動的推拉力。在此之上，無論是交接清單的編纂，或是藝術品本身的移動和典藏，都與空間新秩序的構築有關。

　　之後，國家祭祀的典範，從神道教的神社變成國民政府忠烈祠；本來作為國家文化象徵的神社藝術品，也被遷臺而至的故宮文物所挾帶的萬丈光芒掩埋。

　　值得我們留意的是，神社藝術品進入教育廳的倉庫，雖是過渡性的做法，卻也間接證明，接收單位並沒有基於去除殖民統治痕跡的政策，刻意毀棄這批藝術品。就結果來看，雖然僅是移交到博物館內存放了事，卻也因此倖存下來。在這期間，即使蘊藏過什麼複雜動能和交涉細節，大多都已埋沒在歷史的塵埃之中。

　　在臺灣神社廢除、到教育廳移交藝術品的過程裡，的確有無數大小人物的參與或決策。例如，日治時期同樣屬於臺灣教育會藏品的郭雪湖〈圓山附近〉，據說一度掛在總督府的會客廳，戰後藉由臺灣省教育會理事長游彌堅(1897-1971)的努力，畫作交回郭雪湖手上。[8] 在北京畫壇享負盛名的中國工筆畫家潘絜茲(1905-2002)，他也有一段鮮為人知的經歷：潘絜茲曾在 1947 年短暫受邀來臺，擔任「省立臺北民眾教育館藝術部主任」，上班地點正是前面所談到的，一度變成臺北民眾教育館的臺灣神社原址。[9]

　　我們無從得知更仔細的經過，也不知道是否還曾發生過什麼動人心魄、卻再也不為人知的故事。只知道，這些交接清單中的藝術品，最後存封在博物館的庫房深處，雖說無人問津，卻也因此倖免於難。它們就在那安靜、無人知曉的角落待著，默默陪伴戰後臺灣走向新的歷史局面。

Chapter 10

敗戰神明的遺物

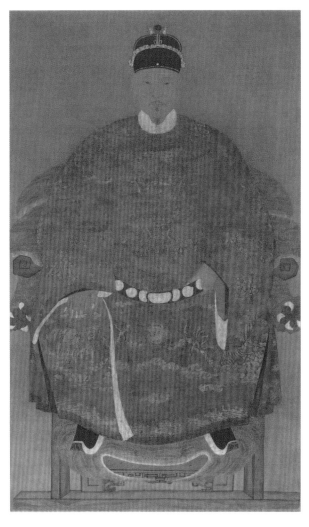

佚名 〈鄭成功畫像〉

18至19世紀 立軸紙本設色 195.0×75.0公分
臺灣神社舊藏 國立臺灣博物館藏
2010年依《文化資產保存法》公告為「國寶」

將〈鄭成功畫像〉選為本書最後一件文物，並非是基於入藏臺灣神社時序的考量，事實上，這幅如今位列國寶的畫像，它在日本統治臺灣的初期，早已被當時的總督收進神社。之所以放在本書最後一篇，乃是因為它是唯一跨越清領、日治、國府三段歷史與政權，並持續受到當權政府重視的文物。雖說近年隨著科學檢驗，已知這幅畫的繪製年代可能落在 18 至 19 世紀，而非過去以為是由鄭成功親自命人繪製之物，但，正如同日本近代美術史學者古田亮所說：

> 所謂的美術作品，在創造出來時還不能說是具有社會價值，只有被作者以外的第三者看見後，開始被當成作品時才具有社會性。若是沒有觀看的場所、觀看的機會、與觀看的人，也就是若無「觀看」的環境，美術作品是不存在的。[1]

當〈鄭成功畫像〉歷經百年流轉，在臺灣社會被觀看、記憶、詮釋與再詮釋之後，作為美術品的價值才得以被確立。而〈鄭成功畫像〉的背後，則承載了三段不同的記憶。記憶與記憶之間彼此收編、取代，影響我們在不同時間對這件美術品的理解。

家族記憶：祠堂與田野調查

讓我們先仔細觀察〈鄭成功畫像〉，畫中鄭成功高坐在虎豹毛皮覆罩著的座椅上，身著黑色帽冠、圓領雲龍紋袍服，神情與姿態莊嚴。根據學者對畫中衣物、配件形制與顏料成分的研究分析，推測此畫並非明鄭時期，而是 18 至 19 世紀以後的作品。[2]

若以此為基礎，試著進一步思考，便可知道此畫應該不是過往以為反映鄭成功真實容貌的肖像畫，而是後人認為鄭成功作為一位英雄人物時，應當具備什麼樣的容貌所想像建構而成的追摹之作。

從畫面形式來看，這是一件依循中國祖先、功臣肖像傳統

繪製的作品，就像明清皇家繪製歷朝皇帝、聖賢畫像，並於宮中懸掛祭祀，又或是民間也有繪製自家祖先畫像懸掛於祠堂或家中廳堂的傳統，也許〈鄭成功畫像〉亦是在相似的脈絡下，由鄭氏後代訂製，符合儒家慎終追遠、敬天祭祖的信仰意義，且隨著長年保存，也會形成家族私有的「記憶」。

值得一提的是，〈鄭成功畫像〉並非只有一件，另有一幅相似的版本，如今藏於中國福建南安石井鄭成功紀念館，畫作原本屬於當地的鄭氏後代鄭維洲，[3]他在南安設立家廟，並懸掛畫像，後來為人所知，還展開了修復計畫。

為何會有複數存在的〈鄭成功畫像〉呢？誰又是最早的版本？抑或是兩者都是副本，另有一件它們參照的版本？上述問題有待更多考證，但目前兩件畫像，在早期分別由臺北與福建鄭氏家族收藏，且曾同樣作為祖先像使用，承載兩岸鄭家的家族記憶，是不可否定的事實。

到了日治時期，日本的官僚、學者在調查臺灣資源、歷史與文化的過程中，造訪漢人居所，因而有機會看到鄭氏家族收藏的古畫作，兩件〈鄭成功畫像〉便在這樣的脈絡下分別為日本人所發現。那麼，他們對於初次所見的兩件畫像，評價又是什麼呢？

1900 年從事舊慣調查的館森鴻（1862-1942），在一次前往中國的田野調查途中，親睹福建石井處的畫像，有了以下評語：

> 廟貌崇閎，中懸延平畫像，儀容嚴肅端正，見之使
> 人起敬。

這段描述可見疊合了世人對鄭成功作為英雄人物的認知，以及家族後代以莊嚴廳堂空間祭祀畫像的場景。[4]

同樣，臺北知事村上義雄（1845-1919）在一次巡視轄境的途中，偶然造訪臺北的鄭家後代，鄭家向知事呈獻了家族收藏的〈鄭成功畫像〉（也就是如今臺灣博物館藏的版本），據說也有：「將鄭成功的人品端嚴且鞠躬盡瘁的模樣描寫得相當好」的評語。當時知事命人將畫作拍攝、製版，刊在舊慣調查的刊物上，也應是〈鄭成功畫像〉最早被拍攝出版的版本（圖 1）。

1　《臺灣慣習記事》第2卷第1號卷首收錄的〈鄭成功畫像〉影像

本應看似和平的接觸、呈獻行為，三十多年後，在擔任總督府圖書館館長的山中樵（1882-1947）的記述中，卻出現了峰迴路轉的故事情節。山中樵稱：臺灣知事村上事後將〈鄭成功畫像〉帶回日本，鄭家卻表示，當初並沒有打算要呈獻此畫，是被欺瞞與搶奪的，於是要求歸還，最後村上才又將此畫帶回臺北。孰是孰非，由於缺乏足夠的史料依據，難以妄下定奪，但這段描述仍反映出鄭氏家族對祖先畫像記憶的重視。

　　無論如何，隨著〈鄭成功畫像〉進入日本統治者的眼簾，當時總督的想法是：「認為像這樣的貴重物品由民間世代相傳，畢竟不是永久保存的可期之道。」於是 1911 年決議交由臺灣神社典藏。自此，這幅畫像不再只是鄭家所持有的祖先像，而將受到複製、積極安排置入公眾視野，並展開被賦予重重神性和國族論述的旅途。

神社記憶：從祖先像進入公眾視野的國寶

　　鄭成功並非日治時期才被視為神明。早在清領時期，以欽差大臣身分來臺的沈葆楨（1820-1879）於奏請清廷設置「延平郡王祠」的奏摺中，便稱鄭成功為「臺陽初祖」，有開臺之功。

　　日治時期，延平郡王祠被改為開山神社，納入日本近代國家神道的體系，在當時的政府公文中，也提到因為「開發臺灣的貢獻」，而「追彰鄭成功的功績」。[5] 可以說，以臺南延平郡王祠（開山神社）為祭祀中心的鄭成功，最早是以開臺的功勞，才能在大清帝國與日本政府的背書下位列神明。

　　此外，由於日本神道存在因土地開發或地緣信仰而建立神社祭祀的藩祖神（領國內子孫祭祀的祖先）、產土神（自己出生地或指土地的守護神）信仰，再加上鄭成功的母親田川氏（1601-1647）為日本人，這些因素也導致鄭成功的神明形象能迅速被日本民眾接受。另一方面，開山神社在祭祀鄭成功時，除了使用日本神道的玉串、幣帛，也延續了過往延平郡王祠時代的部分舊俗，可見即便轉為神道教祭祀，也有意以較為尊重在地舊慣的方式，維繫神社與周遭臺灣人社會的關係。[6]

只不過，〈鄭成功畫像〉終究不是為了供奉神社而製作的宗教畫，而是透過收藏與論述將其轉化為神明像的特殊畫像。在這之中，臺灣神社的宮司山口透扮演了重要的角色，總督透過徵詢山口透的意見，得到「作為臺灣古美術的唯一資料，有稀世逸品的資格」，因而決議「可以依據國寶之辦理標準，將這幅畫像保存於臺灣神社內」（不過，由於日本制定國寶的法規並未在臺灣實行，所以這幅畫像，並沒有真的成為日本的國寶），新聞報導更以「名畫神寶」為題，強調這件畫像的神聖性。

作為一開始的民間祖先像與開臺英雄像的〈鄭成功畫像〉，能夠被收進象徵日本國體的神社內，背後的動力，也包括了將臺灣古美術納入日本古美術的意圖。因為明治時期所謂的「國寶」，便是將原先收藏在各地神社、寺院內的珍寶造冊編入國家文化財產清單，並加以進行分級的產物，這是日本在近代古物保存意識興起後制定的規則。在此脈絡下，基於保存意識，1910年總督府委託畫家那須雅城（當時名為那須豐慶），為〈鄭成功畫像〉繪製了兩幅摹本。而學者盧泰康已根據摹本上的落款，推斷兩幅摹本最晚是在1911年秋天前完成。[7]

那須雅城製作的兩件摹本，並非都是與原件一模一樣的再製複本，兩件摹本之間也有很明顯不同的表現手法。其中一幅摹本由開山神社收藏（圖3，簡稱第一摹本），第一摹本採取了按照原作、如實複製描繪的方式，跟隨重現畫像上的諸多細

3 那須雅城 〈鄭成功畫像〉第一摹本(博物館登錄品名：〈「鄭成功畫像」那須豐慶摹本〉) 1911年 開山神社舊藏 臺南市立博物館藏

4 那須雅城 〈鄭成功
畫像〉第二摹本（單色照
片） 1911年 原作由臺
北鄭家藏，現下落不明
國立臺灣博物館藏照片

節，呼應擁有原件的臺灣神社、與收藏摹本的開山神社兩者在社格位階上的高低。學者盧泰康的檢測與研究還指出：「作者運用遮蓋性較強之淺白偏紅色顏料，進行勾塗覆蓋，試圖呈現出二十世紀初鄭成功畫像原作表面大量龜裂破損之特徵。」這種對破損痕跡也如實「記錄」的態度，反映日本近代古物保存的觀點，也體現日本人將〈鄭成功畫像〉視為珍貴史料的態度。

相比之下，另一幅摹本（圖4，簡稱第二摹本）則不然，應是為了代替鄭家將祖先像獻給臺灣神社的補償，因此畫面表現遠比原作或是第一摹本都要更加華麗。我認為這是那須雅城個人對古畫的再詮釋，由於並不是預設獻給神社的畫作，那須因此在「創作」的過程中加入不少自己的小巧思。例如，第二摹本將原作與第一摹本人物衣服上的四爪龍紋樣改為三爪龍。如同我在介紹金龍噴泉時所說的，三爪龍是日本描繪龍時常用的造型，這不僅有意無意對應鄭成功的日本血統，也顯示那須雅城在「創作」時，賦予了第二摹本更多日本畫的要素。除此之外，那須雅城還重新描繪座椅虎皮，試圖將原作的虎皮結構、紋理交代得更為合理且精緻，人物五官與衣摺也添加了陰影與立體感，木椅表面的木紋也被加強描繪，脫離中國繪畫常見的肖像畫形式，更貼近明治維新以後受到西洋美術概念（透視、立體）影響的近代日本畫表現。

最後，可以注意盧泰康的調查發現，第一摹本與第二摹本皆在細節與落款的書寫使用泥金，而金色的運用正是我們在前面介紹那須雅城時所提到，他相當慣用的作畫方式。在完成〈鄭成功畫像〉的摹本數年後，那須雅城描繪天皇登基意象的作品〈高御座之圖〉，便可見沿用了過去描繪畫像的經驗，採用單點透視與加強立體陰影的手法，並搭配泥金線條，表現莊嚴、神聖與兼具真實感的視覺效果。

總之，第一摹本是對原作的如實記錄，第二摹本則是「更華麗」的〈鄭成功畫像〉；並且，第二摹本與其說是「脫離原作」，不如視之為「超越原作」的詮釋。尤其第二摹本具備近代日本畫重視立體感的表現手法，重新整理了畫面因為時間久遠造成的漫漶不清，畫家也在原本不確定之處給予了他所認為最合理

的詮釋，是畫家積極賦予古美術新面貌的作品。

　　在漢學者、神職人員、臺灣總督與畫家各自的詮釋下，〈鄭
成功畫像〉的「原作」從私領域的祖先像，搖身一變成為具有公
眾性的「臺灣古美術」，進入神社收藏，並派生製作出精美的
摹本。鄭成功本身仍一貫延續了開臺英雄的神性被崇拜，不
過，若要問這幅〈鄭成功畫像〉在進入臺灣神社收藏後，是否
曾作為神明畫像被祭祀、或者用來舉行儀式過——在現在可知
的日治時期的記錄裡，並沒有相關的記載。因此，〈鄭成功畫
像〉在臺灣神社的地位，比起祭祀用的神明畫，是更被視為需
要珍藏保存的「寶物」／「史料」。

　　不同於具備神聖性與「國寶」價值的原作，兩件那須雅城
描繪的摹本，似乎比原件在公眾視野中更加活躍，擔負起彰顯
鄭成功形象的任務，因為舉凡公學校課本的插畫，或是報紙、
期刊上的鄭成功影像，都刊印那須雅城的兩種摹本為主，而非
原件（圖5至圖8）。在整個日治時期，〈鄭成功畫像〉樹立的
文官正座形象，也逐漸取代了江戶時期以來，日本民間流行

的武士版鄭成功「和藤內」的模樣,形塑出社會對鄭成功的新形象認識與記憶。那須雅城的摹本,正是〈鄭成功畫像〉藉由古美術的身分在近現代完成「公眾化」的關鍵,也為這一幅畫像在臺灣文物討論的視野中,奠定了重要的地位與影響力的基礎,因而得以累積愈來愈多深度的討論與觀點。

民族記憶:故宮博物院與臺灣神社交織下的國寶論述

　　時間來到戰後,雖然具體的時間待考,但〈鄭成功畫像〉與其他臺灣神社收藏的文物一樣,都被存放在臺灣省立博物館的庫房。在博物館內部的陳列組工作日誌中,最早提到〈鄭成功畫像〉的記錄是在 1950 年 9 月 23 日:

> 臺大方豪教授由陳奇祿先生介紹來陳列部接洽關於鄭成功之重要紀載及畫像塑像之來歷等經將各有關資料介紹后稱謝辭去。[8]

　　方豪(1910-1980)是戰後 1949 年來臺的歷史學家,其以「史料學派」的治史方法著稱,來臺後積極尋訪、研究臺灣文獻,對連結中國史與臺灣地域研究的鄭成功與〈鄭成功畫像〉產生興趣。[9]

從宏觀的角度來看，鄭成功在國府時期因為「反攻大陸」的事蹟，被視為重要的「民族英雄」，才使得有關鄭成功的研究得以從日治時期延續下來。然而隨著包含方豪在內的外省籍學者加入，使得〈鄭成功畫像〉的研究呈現新的發展，例如1950年代的鄭成功形象論爭。當時由於臺北車站與臺南車站先後預定設立鄭成功銅像的緣故，對於鄭成功的形象，尤其是對其體態與是否有鬍鬚這點，曾有過一番爭論。1953年，當時任職臺灣大學教授的外省籍歷史學家勞榦（1907-2003）認為應以留有鬍鬚的「故宮像為準」。[10]

　　這裡所謂的「故宮像」，其實指的是北平國立歷史博物館（今中國國家博物館）典藏的鄭成功肖像畫，而非故宮博物院藏品。由於外省籍學者與「故宮」畫像的「背書」，同樣留有鬍鬚的這件由臺灣省博物館接收自臺灣神社的〈鄭成功畫像〉，因此得到學者與政府的認可。於是1954年，內政部最終公布：

> 以省博物館所藏有鬍明服之鄭氏坐像，為較可靠者。[11]

　　就結果來看，鄭成功的官方認證形象，看似還是延續了日治時期由〈鄭成功畫像〉為鄭成功主要形象的觀點，然而實質上，背後的論述結構卻截然不同。也就是說，無關乎臺灣神社的定義，它的前提必須先藉由來自故宮＝中國的文化「中央」建立的典範，接著，位居「地方」的省博＝臺灣所收藏的〈鄭成功畫像〉才得以延續其文化地位。

　　1956年，臺南市文獻會委員之一的顏興（1903-1961），也提出相似的觀點。他在《臺南文化》上發表文章〈鄭成功儀容今考〉，將〈鄭成功畫像〉放在中國美術史發展的延長線來討論：

> 從肖像畫史的研究，有兩點演變可作為對今存鄭像評判之良好的論據：第一，唐宋的畫像都是七分的側面畫，對深淺明暗較能表現，如中央博物院所藏的歷代帝后畫像，有唐太宗、宋太祖、宋理宗，其衣摺線條鈎勒之筆法很自然，面貌的描畫不但重神彩及形似，實能傳神。而元太祖的畫法雖亦近似，但已不如唐宋的畫法了。至元末明初，畫像由七分側面一變而為正

面端坐的了，這樣正面的畫像遂漸成為呆版的畫法。
已不能四面得傳神之妙了。第二，便是明末清初西洋
畫風在肖像畫中注入了敷彩渲染的新法。而臺北博物
館所藏的鄭成功像，正是這種正面呆板敷彩渲染新畫
風的作品，我斷定這幅畫像，是道地的明末畫像。[12]

顏興早期曾向前清舉人兼藏書家蘇大山學詩，後赴中國習醫，
並以眼科為業，同時通曉多種語言。戰後顏興任職臺南市文獻
會，於該會刊物《臺南文化》上發表多篇與鄭成功有關的考察
文章。[13]

　　文中所提到改變坐姿的明初畫像，可能是明英宗朱祁鎮
（1427-1464）的畫像，這是已知明朝歷代皇帝像中較早表現正
面端坐姿態的畫像。顏興或許參考民國初年由日本與中國出版
的中國畫史書籍，以及故宮的相關出版品，透過觀察印刷圖
版，以及前往省博看畫的機會，得到「正面呆板敷彩渲染新畫風」
的結論。雖說顏興的書寫動機與策略有其時代背景的侷限，且
看似缺乏嚴謹的風格分析，但是藉故宮文物為典範，將〈鄭成
功畫像〉放進中國美術史脈絡的說法，卻延續迄今。

　　饒富趣味的是，包含顏興在內的臺南市文獻會成員，也留
意到〈鄭成功畫像〉原先是臺灣神社文物的歷史，且並未因此
略去不談。在另一位文獻會成員連景初（1921-2002）於 1968
年撰寫的文章中這麼提到：

　　　　鄭成功的像，就畫像部份，在臺灣可見到的：一為
現省博物館所藏着朝服之一幀，及現臺南市歷史館所
藏一幀，南市此幀係日人那須雅城倣摹自現省博物館
所藏者，省博物館所藏即原臺灣神社所藏，而南市歷
史館所藏重摹像，原為開山神社所藏。[14]

這段敘述可見連景初清楚掌握畫像的收藏流轉與複製過程。由
於擔任國民政府隨軍記者，連景初直至戰後才來臺活動，因此
這方面的記錄，較可能是參照日治時期史料，以及文獻會成員
的記憶。

　　無論如何，戰後對〈鄭成功畫像〉的理解，可謂日治時期

10　明　佚名　〈明
英宗坐像〉　絹本設色
208.3×154.5公分　國
立故宮博物院藏

的知識譜系，以及戰後隨國民政府而來的中國美術史知識交織
下的產物。歷經臺灣神社與故宮博物院之間的典範轉移過程，
以及臺灣社會自身的重組，人們對〈鄭成功畫像〉不同階段的
收藏記憶，時而受後人取消或覆蓋、時而又潛伏流通，構成複
雜多元的狀況。

結語

　　〈鄭成功畫像〉一開始是鄭家後代在廳堂懸掛的祖先像記
憶，後來經由臺灣神社收藏，透過摹本與複製圖像，一度影響、
重新形塑社會公眾對鄭成功所認知的新形象。到了戰後，藉由
聯繫中國文化典範的故宮所收藏的鄭成功畫像，離開臺灣神社

進入博物館的〈鄭成功畫像〉，保住了代言的權威性。而摹本與複製圖像的力量並未僅止於日治時期，戰後至今，這幅畫像所奠定的鄭成功形象，仍藉由出版、文創商品與網路影像，繼續形成我們對「鄭成功」的普遍印象。

梳理整個脈絡，可以知道歷史記憶往往是被形塑的產物，背後有政治、文化等諸多權力的參與，戰前是彰顯日本殖民統治正當性的臺灣神社，戰後則是以故宮為文化典範，並迫切需要強調自身是中國政權正統立場的遷臺國民政府。

不過，縱使〈鄭成功畫像〉捲入「再中國化」的時代浪潮，原本作為臺灣神社舊藏的記憶並未因此被完全抹去，知識分子們藉由書寫，將這件畫像歷經的前朝記憶保留了下來，形成隱然的水脈，最終成為本書序章所提到，2009 年臺北故宮「重生記——鄭成功畫像修復成果展」的知識基礎。

值得我們思考的是，戰前日本統治下的臺灣以「國寶」規格禮遇〈鄭成功畫像〉，到了 2010 年，〈鄭成功畫像〉也被列為中華民國國寶（即使兩個國寶指涉的國族截然不同），這提醒了我們，所謂的「國寶」，並不是自然而然、或理所當然的存在，而是被建構的產物。

〈鄭成功畫像〉以及本書所談到的作品，讓我們看見所有文物都有可能會因應時代和局勢需要，變成最有利政治表述的國之重寶——或者是敝屣。如今在全球接連出現的博物館文物歸還（Repatriation）爭議，以及在臺灣社會中被激辯著的類似議題，包含思考故宮文物與臺灣的關係，或是究竟該如何處置日本殖民文物，甚至是國民政府威權時代的遺產等，由此引發的民族情感糾葛、仇恨，仍舊考驗著我們如何與臺灣島上不同歷史記憶共處的智慧。

這本書嘗試以臺灣神社的「物」為思考途徑，將陌生的過去，聯繫上現在以及未來。希望盡可能讓讀者們一層一層地看見，有那麼多複雜疊加於這座島嶼之上、即使放眼世界也尤為獨特的歷史經驗。關於文化，我們還可以如何更加周全的考慮和互相討論呢？開始這樣思考的我們，或許就握住了轉動上述難解疑問之門的鑰匙也說不定。

後記

　　為什麼要研究臺灣神社呢？像這樣的問題，是當我向別人分享自己的研究內容時，最常被問到的事情。的確，已知的研究告訴我們，隨著日本結束在臺統治，神道信仰並沒有在台灣留下太多的痕跡。從這點來看，研究一座已經消失，屬於殖民統治時代的宗教設施，以及它附屬的物件收藏，似乎缺乏明顯的動機。

　　2017 年至 2020 年撰寫碩士論文的期間，我以國立臺灣博物館典藏之臺灣神社舊藏美術品為中心展開研究。最初原因，除了來自教授的引導，更多的是對於陌生事物的好奇心。不帶任何學術意義、貢獻上的判斷，僅僅是對這座已消失的日本神社產生好奇。

　　對一般社會大眾來說，神社是日本文化象徵，包含我在內的許多人，原本並不知道臺灣曾經存在過許多神社。也許有些人曾經從家中祖父母，聽到他們在日治時期曾經參拜神社的事情，但我的祖父是國共內戰後，隨國民政府軍隊避難來臺的河南人，在傳統的父系家庭三代同堂中成長的我，自幼所接觸的是父輩親戚間共享的祖籍（河南）認同，至少臺灣的神社於我而言，是無比陌生又疏遠的概念。

　　然而，似乎就是這種雙邊疏遠的位置，使我對臺灣神社產生研究興趣，而神社內一度聚集的物，歷經離散、流轉，最後留存在臺博館的庫房內，則成為我展開研究的契機。它過去是以什麼樣的姿態存在，為什麼能夠聚集這麼多書法、繪畫、工藝品？我們又該如何理解這些美術品存在於臺灣的意義？

　　臺灣神社收藏的美術品，與我們所熟知，由臺灣前輩畫家和少數在臺日籍教師畫家交織而成的美術史理解相差甚遠。然而，就算是基於國家神道信仰而製作、流轉的美術品，也在神社消失之後，於臺灣美術史中留下了一點影響：例如日本畫家那須雅城所繪製的〈鄭成功畫像〉摹本，一度形塑臺灣社會對

1　1966年西班牙影
星瑪麗莎（Josefa Flores
González, 1948-）來臺，
於圓山大飯店留影，照
片左下角可以看到當時
尚屬圓山中正堂所有的
臺灣神宮基座遺址

取自〈臺灣新生報底片民國五十五年
（九）〉，《台灣新生報》，國史館藏

鄭成功的認識，而畫像所建構的鄭成功樣貌，也成為日後藝術
家創作時的樣本。

　　但是除此之外的臺灣神社遺產，命運可謂多舛。被遺忘在
臺博館庫房深處的美術品，大多保存完好，已是運氣不錯，留
存於圓山大飯店的石獅、狛犬、金龍與石碑，有的僅去除日本
紀年，有的則直接改裝，挪為新用，其餘被記錄在《臺灣神社
誌》或報紙內的數百件神社奉納品，更是下落不明。幸運的是，
我們過去以為臺灣神社本體，已在數次改建的過程中被徹底消
滅，實際上還保留了部分遺構。

　　2020 年，我藉著一次機會參訪了圓山大飯店隔壁的圓山
聯誼會，原址是日治末期臺灣神社擴建後，新的「臺灣神宮」
所在地，戰後一度作為「圓山中正堂」，如今則是高價位的會
員制接待空間。然而比對不同階段的空拍照，以及對神社遺構
的辨識，可知聯誼會實際上是基於臺灣神宮的建築範圍改建的
結果，所以還保留了神宮的基座與部分設施。

　　相比圓山大飯店，聯誼會保留較多臺灣神宮的遺址。2011
年，在日本神奈川大學非文字資料研究中心海外神社研究班對
臺灣神宮的調查中，最重要的發現，便是戰時讓臺灣神社御靈
代避難用的防空洞（地下神殿），還留存於聯誼會內，如今作
為倉庫使用（圖 2）。

　　研究藝術史，或許可以透過文獻與史料進行，但若有流傳

2 　左上 　臺灣神宮預定
地的地下神殿入口

取自津田良樹，〈台湾神社から台湾神
宮へ─台湾神社昭和造替の経過とその
結果の検討─〉，《海外神社跡地から
見た景観の持続と変容》，神奈川大学
日本常民文化研究所非文字資料研究セ
ンター，2014，頁30

3 　圓山聯誼會內原臺灣
神宮地下神殿／防空洞
東側入口（右上）、東甬
道門口（左下），及最深
處壁龕（右下）

作者拍攝於2020年1月

有序的作品真跡，才能進行更深入的研究，並達成以眼見為憑
推廣的效用。包含本書所介紹的「物」，以及容納「物」的地下
神殿在內，透過學術研究，發掘它們的意涵，傳遞知識，也許
未來能夠讓臺灣神社的存在更為眾人所知曉，並且進一步反
思，重新認識這座兼容不同文化的島嶼的特殊性。

　　本書的完成，乃是基於 2017 年我以臺灣神社舊藏〈八咫
烏圖〉為題目的初步研究，以及之後進一步擴展成探討臺灣神
社整體收藏形成的碩士論文，再加入近年新研究成果的總和。
感謝指導我完成碩士論文的蔡家丘教授，以及口試委員黃琪惠
教授、邱函妮教授、李子寧教授等人的細心指教。蔡家丘教授
在我撰寫期刊論文到碩論的過程，總能指點迷津，引領我進入
臺灣與東亞藝術史研究的殿堂大門，嚴謹的治學態度亦是我在
學術研究上的榜樣。感謝黃琪惠教授與邱函妮教授在課堂上的
指導，與口試現場的提問，使我能更深入思考自身研究與臺灣
美術史的關聯，並提醒我未曾思考到的盲點。同樣擔任口試委
員的李子寧教授提供我臺博館方面的公文檔案，補足了論文內
相當重要的一塊論證。

　　在撰寫碩論的過程中，同學孟瑜、張末、芳儀、宇珊，以
及佑霖、瑋婷、佩瑜、豔均、詩敏等優秀的學姐，總能彼此相
互打氣，並且在畢業後還能在相關的職場上保持聯絡。

　　2021 年至 2023 年間，我著手將碩論改寫成不同的文章發表，並開始撰寫本書，過程受到許多人的協助；感謝臺灣史研究者陳力航先生、許雅玲女士，熱心分享與提供收藏的史料。臺博館的張安琪女士，協助我申請庫房調件，並與我分享自身研究成果。研究〈鄭成功畫像〉的臺南藝術大學盧泰康教授贈送自身著作，對此衷心表達謝意。新潟阿賀野市立吉田東伍記念博物館的渡邊文男先生，在本書即將完稿之際，慷慨提供有關長井一禾的重要史料，完善本書第三章的關鍵內容。還有許多機關單位、個人提供圖檔授權，讓這本書的圖版更加豐富完整，由衷感謝。

　　最後，還要感謝游閏雅總是不厭其煩地與我討論書本內容，分享看法，是本書最初且最重要的第一聽眾。本書的責任編輯余玉琦，不僅細心把控本書品質與內容，亦提出許多重要的觀點和看法，協助拓展並深化書中的內容。還要感謝我的父親、母親與弟弟，在我就讀碩士班與撰寫此書的過程中的所有照顧、陪伴，有你們才有如今的我。

引用文獻

寫在前頭

1　鈴木茂夫提供，蘇瑤崇編，《最後的臺灣總督府　1944-1946 終戰資料集》，臺中：晨星出版有限公司，2004，頁 35

2　臺灣總督府殘務整理事務所，《臺灣統治終末報告書》，不詳：同編者，1946，頁 4-5；中譯見黃俊傑，《臺灣意識與臺灣文化》，臺北：國立臺灣大學出版中心，2006，頁 136

3　金子展也，《台湾に渡った日本の神々》，東京：潮書房，2018

4　吳佩珍，《福爾摩沙與扶桑的邂逅：日治時期臺日文學與戲劇流變》，臺北：國立臺灣大學出版中心，2022

5　〈臺灣神宮一部炎上〉，《朝日新聞》，1944 年 10 月 24 日，第 2 版

6　〈敵機臺灣神宮に投彈〉，《朝日新聞》，1945 年 05 月 08 日，第 1 版

7　林承緯，《臺灣民俗學的建構：行為傳承、信仰傳承、文化資產》，臺北：玉山社，2018；Shin-Shan Susan Huang, *Picturing the True Form: Daoist Visual Culture in Traditional China*, Cambridge: Harvard University Press, 2012, pp.1-22

8　邱函妮，〈街道上的寫生者─日治時期的臺北圖像與城市空間〉，臺北：國立臺灣大學藝術史研究所碩士論文，2000，頁 77

Chapter 1

1　岡倉天心，《岡倉天心全集》，3 卷，東京：平凡社，1979，頁 299-304；翻譯參照五十殿利治著、陳譽仁、顏娟英譯，〈文部省美術展覽會的開幕與觀眾〉，《藝術學研究》，第 4 期，2009 年 4 月，頁 28-29

2　譯自山口透，〈兒玉爵帥奉獻七寶燒香爐及卓記〉，《臺灣日日新報》，1906 年 1 月 5 日，第 1 版（粗體為筆者所標記）

3　同前註 2

4　春蘭道人、秋菊道人編，《當世畫家評判記》，東京：文祿堂，1903，頁 169

5　宮內廳三之丸尚藏館編，《名所絵から風景画へ─情景との対話》，東京：宮內廳，2017，頁 53

6　〈近く追薦會を開かれる　故鹽川文鵬畫伯の逸話　一管の筆を乗せて　漂然支那に遊び（上）〉，《臺灣日日新報》，1925 年 11 月 15 日，第 5 版；〈獻上の金屏風〉，《臺灣日日新報》，1901 年 1 月 16 日，晚報第 2 版

7　山口透，〈督憲兒玉公所納畫幅記〉，《臺灣日日新報》，1902 年 8 月 29 日，第 1 版

Chapter 2

1　關於並河靖之的生平與工坊的研究，參照武藤夕佳里，《並河靖之と明治の七宝業》，京都：思文閣，2021

2　〈仰覩丰度〉，《臺灣日日新報》，1898 年 4 月 10 日，第 1 版

3　臺灣神社社務所編，《臺灣神社誌》第八版，臺北：同編者，1934 年，頁 116

4 〈神社徽章〉，《臺灣日日新報》，1901 年 10 月 10 日，第 3 版

5 展覽海報可見展示於 Woodfour 設計公司的官方網站： http://www.wood4.jp/works/index.html ，2023 年 8 月 10 日瀏覽

6 Japanese screens and korean ceramics highlight christie's asian art week in march,Christies.com: https://www.christies.com/about-us/press-archive/details/?pressreleaseid=4566，2023 年 8 月 10 日瀏覽

Chapter 3

1 武藤賴母編，《現代人物史》，東京：中外新聞社，1912；〈日本繪畫談話會〉，《日米新聞》，1905 年 7 月 13 日第 3 版；〈永井一禾翁の探檢〉，《新世界》，1906 年 6 月 10 日，第 3 版

2 倉野武夫，《京都画壇フースヒー》，京都：京都画壇フースヒー，1926，頁 172-174

3 阿賀野市ブログ応援隊：https://blog.goo.ne.jp/agano1/e/bdbc4ffc4efe7f936dcc5cced680d6de，2023 年 4 月 26 日瀏覽

Chapter 4

1 石守謙，〈「四王」研究的範式轉移〉，《故宮博物院院刊》，第 205 期，2019 年 5 月，頁 4-17

2 〈須賀金之助任高等女學校教諭〉，《總督府公文類纂》，第 5 卷，2878 冊，國史館臺灣文獻館，1918 年 8 月 1 日

3 阮圓，《撥迷開霧：日本與中國「國畫」的誕生》，臺北：石頭出版股份有限公司，2019，頁 80-81

4 〈無絃琴〉，《臺灣日日新報》，1920 年 8 月 19 日，第 2 版

5 同前註 2

6 同前註 1

7 二松學舍大學私立大學戰略的研究基盤形成支援事業，《漢学の近代—明治の精神に学ぶ》，東京：同編者，2018，頁 31

8 蘇浩，〈十八世紀渡日清人畫家伊孚九與費漢源研究〉，《東アジア文化交涉研究》第 15 號，2022 年 3 月，頁 475-485

9 國立博物館編，《日本南畫集》，京都：便利堂，1951，頁 28

10 同前註 1

11 〈避暑畫報(其四)耶馬橋(須賀蓬城畫)〉，《臺灣日日新報》，1911 年 8 月 5 日，第 2 版

12 蔣夢龍總編輯，《曹容詩選》，新北：澹盧書會，2017

13 勞祖德整理，《鄭孝胥日記》，北京：中華書局，2013，頁 2198

14 黃琪惠，〈日治初期日本畫的移植、接納與挪用〉，《臺灣美術學刊》，116 期，2019 年 11 月，頁 5-54

Chapter 5

1 四國大觀總務部編，《四國大觀》，高松：四國大觀，1930，丙 29

2 金刀比羅宮社務所第一課編，《金刀比羅宮記》2 版，香川：金刀比羅宮，1912，頁 125

3 〈馬來風景〉，《南洋日日新聞》，1931 年 5 月 1 日，第 1 版

4　劉錡豫，《臺灣神社美術收藏的建立、展示與戰後流轉》，臺北：國立臺灣師範大學藝術史研究所碩士學位論文，2020；書院街五丁目的美術史筆記，〈【趣聞】日本畫家闖入香港軍事重地！？1910 年在東亞激起波瀾的間諜案〉：https://pse.is/53m95f，2023 年 7 月 16 日瀏覽；劉錡豫，〈【不朽的青春】日本、臺灣與法國：山岳畫家那須雅城的青春與夢想〉：https://pse.is/55ugqg，2023 年 7 月 16 日瀏覽

5　〈敬神、功勞者謝感狀傳達式〉，《京城日報》，1930 年 10 月 2 日，第 1 版

6　〈白頭山展 本府の食堂で那須雅城氏が〉，《京城日報》，1926 年 11 月 16 日，第 2 版；〈千古の森林に野宿して山の精をゑがく　白頭山探險の那須福田の兩畫伯　作品は本紙に連載〉，《京城日報》，1926 年 7 月 24 日，第 2 版

Chapter 6

1　鈴木惠可著，王文萱、柯輝煌譯，《黃土水與他的時代：臺灣雕塑的青春，臺灣美術的黎明》，臺北：遠足文化事業股份有限公司，2023

2　〈橢圓〉，《臺灣日日新報》，1911 年 5 月 14 日，第 3 版；〈醉倒橢圓〉，《臺灣日日新報》，1911 年 6 月 23 日，第 3 版

3　青井哲人，《植民地神社と帝国日本》，東京：吉川弘文館，2006，頁 146

4　〈蟬琴蛙鼓〉，《臺灣日日新報》，1911 年 8 月 19 日，第 3 版

5　〈龍山寺前公園　銅龍竣工〉，《臺灣日日新報》，1930 年 4 月 23 日，第 4 版；臺北市勸業課，《臺北市商工人名錄》昭和八年版，臺北：臺北市役所，1934，頁 26

6　應大偉、藍美雅，《擺接風華土城情：土城百年影像》，臺北：土城市公所，1997，頁 21-22

Chapter 7

1　Fried, Michael. "Art and Objecthood." *Minimal Art: A Critical Anthology.* Edited by Gregory Battcock; introduction by Anne M. Wagner. London: University of California, 1995, 125-126

2　〈神社及社ノ取扱ニ關スル件〉，《總督府公文類纂》，國史館臺灣文獻館，1924-04-01，典藏號：00007210005

3　李淵植著，熊陳馨譯，《離開朝鮮的返鄉船：一九四五年日本殖民者在朝鮮的終戰經驗》，臺北：凌宇出版，2022，頁 30-39；山口公一，〈敗戰直後の海外神社：朝鮮の神社を例に〉，《アジア学科年報》，8 號（2014-12），頁 43-51

4　李淵植著，熊陳馨譯，《離開朝鮮的返鄉船：一九四五年日本殖民者在朝鮮的終戰經驗》，頁 39

5　辻子実，《侵略神社─靖国思想を考えるために》，東京：新幹社，2007，頁 232-233

6　同前註 5，頁 249-151；日帝強制動員被害者支援財團企劃、崔永鎬總監修，《靖国神社「韓国人」合祀経緯·合祀者名簿の真相調査》，首爾：日帝強制動員被害者支援財團，2007，頁 52-53

7　〈台湾遺骨から帰る　能久親王の遺品も〉，《朝日新聞》，1961 年 3 月 31 日，第 10 版

8　臺南神社社務所編，《臺南神社誌》，臺南：同編者，1928，頁 27-36

Chapter 8

1 〈2009-06-29 20:04 圓山大飯店廣場前原臺灣神社石獅〉，https://blog.xuite.net/richard.tw/twblog/108266096，2023 年 6 月 1 日瀏覽

2 Russian battleship Poltava(1894), wikipedia: https://en.wikipedia.org/wiki/Russian_battleship_Poltava_(1894)，2023 年 9 月 7 日瀏覽

3 臺灣神社社務所，《臺灣神社誌》，第八版，臺北：同編者，1934

4 井上哲次郎著，《武士道の本質》，東京：八光社，1942，頁 220-221

5 鈴木惠可，〈日治時期臺灣的紀念碑建設與日本近代雕塑家：以大熊氏廣〈臺灣警察官招魂碑〉(1908) 為中心〉，《現代美術學報》，2015 年 30 期，頁 159-189

6 山縣文英堂書店編纂，《旅順の戰蹟》，旅順：同編者，1934，圖 2、圖 3

7 臺灣省博物館，《省博陳列部工作日誌 (一) 35 年 10 月至 40 年 7 月》

8 黃翔韻，〈日治時期臺灣神社奉納品之研究〉，新北：國立臺北藝術大學碩士論文，2014，頁 180-185

9 同前註 8，頁 59-60

10 金子展也，《台湾旧神社故地への旅案内ー台湾を護った神々ー》，東京：朝書房光人新社，2018，頁 80-81

11 何炎泉，〈從魏碑到標準草書——略論于右任書法中的革命觀與現代性〉，《國立臺灣大學美術史研究集刊》，52 期，2022 年 3 月，頁 197-242

12 李郁周，〈書法與生活ー筆墨之美繞身邊〉，《雄獅美術月刊》，第 288 期，1995 年 2 月，頁 55-56

13 〈【打卡景點】探訪圓山飯店，東西密道的神秘面紗！〉：https://tw.news.yahoo.com/【打卡景點】探訪圓山飯店，東西密道的神秘面紗！-231115185.html，2023 年 10 月 28 日瀏覽

Chapter 9

1 〈那須畫伯　神宮へ奉納〉，《朝鮮新聞》，1927 年 1 月 19 日，第 2 版

2 〈白井侍從武官〉，《臺灣日日新報》，1907 年 7 月 10 日，第 2 版

3 〈北白川大妃殿下臺灣神社へ再度の御參拜社務所にて數數の御寶物を臺覽〉，《臺灣日日新報》，1926 年 11 月 2 日，第 2 版

4 劉錡豫，〈臺灣神社美術收藏的建立、展示與戰後流轉〉，頁 98-101

5 黃翔韻，〈日治時期臺灣神社奉納品之研究〉，頁 36-39

6 〈函送臺北中正路一六九號辦廳交接清冊〉，《臺灣省級機關》，1958 年 12 月 2 日，檔號：0047/017.1/44/1，典藏：0040171026932014，國史館臺灣文獻館 (原件：國家發展委員會檔案管理局)；〈為將臺北倉庫接收日人移交八咫銅鏡及七寶燒香爐各乙只奉准移撥該館陳列由〉，《省立臺北博物館》，1960 年 6 月 14 日，檔號：0049/101/2/0001/002，此公文承蒙臺博館李子寧教授提供

7 同前註 6

8 謝里法，〈四十歲以前的郭雪湖ー新美術運動裡的「臺灣畫派」〉，《雄獅美術》，第 102 期，1979 年 8 月，頁 6－38

9 〈省立臺北民眾教育館藝術部主任潘絜子令派案〉，《臺灣省行政長官公署》，1947 年 3 月 24 日，國史館臺灣文獻館，典藏號：00303233105003

Chapter 10

1 古田亮，《視覚と心象の日本美術史》，京都：ミネルヴァ書房，2014，頁

29。翻譯引用自邱函妮，〈美術史、展示與認同——在時代中載浮載沉的「臺灣美術」〉，《藝術學研究》，29 期，2021 年 12 月，頁 102-103

2　盧泰康，《文化資產中的古物研究與鑑定：臺南瑰寶大揭密》，臺北：五南圖書出版股份有限公司，2017，頁 21-57

3　〈郑成功画像及夫妇画像修复工作启动〉，《石井論壇》：https://www.ishijing.com/thread-2640101-1-1.html，2023 年 9 月 13 日瀏覽

4　劉錡豫，〈20 世紀前中葉《鄭成功畫像》的展示、觀看與詮釋〉，《史物論壇：國立歷史博物館學報》，29 期，2023 年 1 月，頁 43-74

5　〈開山神社鄭成功ノ功績ヲ追彰セラレ思召ヲ以テ祭祀料御下賜ノ旨臺灣總督ヘ達置ノ件〉，國立公文書館，編號：勳 00623100，1924-02-09

6　山田孝使編，《縣社開山神社沿革志‧附鄭成功傳》，臺南：縣社開山神社社務所，1915，頁 53-62

7　同前註 2

8　《省博陳列部工作日誌（一）35 年 10 月至 40 年 7 月》，感謝臺博館研究組李子寧教授提供

9　李東華，〈方豪與現代中國史學研究的轉變〉，《臺大歷史學報》，21 期，1998 年 6 月，頁 261-272

10　〈重塑鄭成功像 以故宮像為準 用同一材料裝塑鬚髮〉，《中央日報》，1953 年 7 月 22 日，第 3 版；相關研究見陳譽仁，〈藝術的代價－蒲添生戰後初期的政治性銅像與國家贊助者〉，《雕塑研究》，第 5 期，2010 年 9 月，頁 1－60

11　〈准函囑審定鄭成功塑像案函復查照〉，《臺灣省級機關》，國史館臺灣文獻館，1954 年 11 月 29 日；〈內部聘請專家 鑑定鄭成功像 並廣徵各界意見〉，《中央日報》，1954 年 12 月 18 日，第 3 版

12　顏興，〈鄭成功儀容今考〉，《臺南文化》，5 卷 1 期，1956 年 2 月，頁 7

13　沈芳如，〈《臺南文化》與戰後臺南「府城」集體記憶的建構（1951-2001）〉，臺北：國立臺灣師範大學歷史學系在職進修碩士論文，2008，頁 44-45；陳力航，〈日治時期在中國的臺灣醫師（1895-1945）〉，臺北：國立政治大學臺灣史研究所碩士論文，2012，頁 46；有關顏興能閱讀日語的記載，參照顏世鴻，《青島東路三號：我的百年之憶及臺灣的荒謬年代》，臺北：大雁文化，2012，頁 87-88

14　連景初，〈鄭延平「王樣貌」的疑案〉，《臺南文化》，8 卷 3 期，1968 年 9 月，頁 8

作者劉錡豫根據以下個人論著改寫、修訂出版本書：

1　〈臺灣神社美術收藏的建立、展示與戰後流轉〉，臺北：國立臺灣師範大學藝術史研究所碩士論文，2020

2　〈20 世紀前中葉《鄭成功畫像》的展示、觀看與詮釋〉，《史物論壇：國立歷史博物館學報》，29 期，2023 年 1 月，頁 43-74

3　〈日本神話圖像的近代詮釋：國立臺灣博物館典藏的《八咫烏圖》研究〉，《國立臺灣博物館學刊》，71 卷 1 期，2018 年 3 月，頁 41-73

4　〈1910 年，一位日本畫家與臺灣「國寶」《鄭成功畫像》的近距離接觸〉，《漫遊藝術史》：https://pse.is/5grjrk，2023 年 12 月 21 日瀏覽

5　〈【不朽的青春】日本、臺灣與法國：山岳畫家那須雅城的青春與夢想〉，《漫遊藝術史》：https://pse.is/55ugqg，2023 年 7 月 16 日瀏覽

神明離去之後：
臺灣神社的收藏物語

作　　　者　劉錡豫
副總編輯　洪仕翰
責任編輯　余玉琦
行銷總監　陳雅雯
行　　　銷　趙鴻祐、張偉豪、張詠晶
美術設計　職日設計

出　　　版　衛城出版 / 左岸文化事業有限公司
發　　　行　遠足文化事業股份有限公司（讀書共和國出版集團）
地　　　址　23141 新北市新店區民權路 108-3 號 8 樓
電　　　話　02-22181417
傳　　　真　02-22181727
客服專線　0800-221029
法律顧問　華洋法律事務所　蘇文生律師
印　　　刷　通南彩色印刷股份有限公司
初　　　版　2024 年 1 月
定　　　價　500 元
Ｉ Ｓ Ｂ Ｎ　9786267376218（紙本）
　　　　　　9786267376201（PDF）
　　　　　　9786267376195（EPUB）

ACRO
POLIS　Email acropolismde@gmail.com
衛城　Facebook www.facebook.com/acrolispublish

國家圖書館出版品預行編目（CIP）資料

神明離去之後：臺灣神社的收藏物語 / 劉錡豫著 .– 初版 .
　新北市：衛城出版 , 左岸文化事業有限公司 , 2024.01
　　面；　公分
　ISBN：978-626-7376-21-8(平裝)
　1. 神社 2. 文物蒐集 3. 文物研究 4. 台灣
273.4　　　　　　　　　　　　　　　112021954